聖經研究叢書

# 天國與福音

## 反思舊約天國觀

高偉勳 著 • 陳克平、陳慕賢 譯

▼

聖經研究叢書

# 天國與福音

## 反思舊約天國觀

## Gospel and Kingdom

A Christian Interpretation of the O.T.

作者
高偉勳 Graeme Goldsworthy

譯者
陳克平、陳慕賢

責任編輯
張小鳴

裝幀設計
譚耀基

■

出版 / 發行
基道出版社
香港沙田火炭坳背灣街 26 號富騰工業中心 10 樓 1011 室
LOGOS PUBLISHERS
Unit 1011, 10/F, Fo Tan Ind. Centre, 26 Au Pui Wan St., Shatin, Hong Kong
電話：(852) 2687-0331 傳真：(852) 2687-0281
網址：https://www.logos.com.hk

承印
Cre8 Corp

●



10/1990 初版 7/2017 初版 POD 版
Cat. No. LP106A
ISBN-10: 962-7048-74-7
ISBN-13: 978-962-7048-74-9
Originally published in English under the title: **Gospel and Kingdom**

Printed in Hong Kong

| 刷次 | 13 | 12 | 11 | 10 | 9 | 8 | 7 | 6 | 5 | |
|---|---|---|---|---|---|---|---|---|---|---|
| 年份 | 2031 | 2030 | 2029 | 2028 | 2027 | 2026 | 2025 | 2024 | 2023 | 2022 |

# 目 錄

# 序

我寫這本書的動力來自一個深切的關注，就是重提舊約是聖經的一部分。無容置疑，甚至一些福音派基督徒對聖經的頭四分之三，不是忽略了，就是一無所知。這已是個衆所周知的問題，我們在此也無需思想箇中原因。儘管有好的理由，大部分「相信聖經」的基督徒，都因着對全本聖經嚴重缺乏了解而良心有愧。

我往常接受不同團體的邀請，主領一系列的舊約研習班。「我們已很久沒有研習舊約了，不如研習小先知書，好嗎？」（對於那些不大認識舊約的研習小組來說，小先知書似乎有一種特別的吸引力。）我通常都提出反建議，叫他們有系統地研習舊約神學的結構及聖經的統一性。不出所料，赴會者往往對研習反應熱烈，因爲這種研習顯示聖經各部分怎樣息息相關。

我在摩爾神學院 (Moore Theological College) 任教聖經神學課程多年，竟然發覺幾乎沒有可能推薦一本有關這科目的書（諸如導論之類）。明顯地，牧師、教師甚至信徒均需要一些基督徒解釋舊約的原則；而學生的不斷要求推薦書目，也成爲一個挑戰，於是我把在摩爾神學院教學的資料，編寫成書。

這本小書就是成果了。在寫書的過程中，我嘗試提醒自己，那些沒受過正式訓練、爲了啓迪自己或教導他人而研讀聖經的基督徒的需要。從經驗所得，牧師及傳道人也需要一些簡單及非專門性的書。當然，過於簡化的冒險性很大，但鑑於這責任的迫切性，冒險也是值得的。

在此，我要衷心感謝多位教導我聖經及神學科目的恩師。我特別感激羅賓遜大主教 (Archbishop Donald Robinson)，因爲他把那份對聖經神學的熱忱及洞察力，傳授給我。再者，我亦十分感謝那些樂意協助我整理原稿的朋友。

**高偉勳**
**布里斯班**

# 引言

主日學的週年紀念崇拜剛開始，禮堂裏擠滿了由老師及父母照顧的孩子。隨着手風琴、結他的伴奏及領詩者在臺上起勁的指揮，孩子們熱烈地和唱着，心底裏正興奮地期待那隨即開始的聖經故事時間；坐在臺上的一位青年毫無這種心情，他正緊張地翻看着手上各式精彩的圖片和卡，腦海裏思潮起伏，一股莫名的疑慮突然攫住他的思想，究竟該怎樣申說那個舊約故事的應用呢？雖然他的視覺教具沒有問題，而他的講故事技巧又獲得一致好評，然而他心中仍有疑慮。他可以怎樣用那些千多年前或主耶穌前的遙遠事蹟，對二十世紀的少年聽衆引伸其中意義？

這種疑慮其實並不是突發的。讓我們假設我們的朋友（就叫他阿健吧）是在基督教家庭，並一間有生命力和重視聖經的教會成長。多年來，他已充分學會了聖經內容，並懂得怎樣把經文應用在他個人的基督徒生活上，並認定那就是惟一「正確」的做法。身爲主日學老師，他更是日漸精於這種應用的技巧，但卻從不清楚這種方法背後的原則。然而，因着對聖經研究有興趣，他開始知道各種聖經文獻及其中事件的歷史背景。不是一些書籍提出對聖經默示的疑問困擾他，倒是他開始醒覺到自己向來接受的那套解經、及古爲今用的應用方法，似乎過於任意草率。

阿健因爲被邀作主日學週年紀念崇拜的講員，十分爲難，因爲他不能單單將主日學課程內的故事改頭換面（並不是說他喜歡這些教材！）。再者，數星期前的一次經驗，更加增了他對這種講述聖經故事方法的不安。那次，在一個兒童聚會上，另一位講員講大衞與歌利亞的故事；聚會非常成功，孩子都很喜歡。在那次角色扮演中，神所揀選的領袖大大得勝的過程，引致高潮迭起，而視覺教材也配合得天衣無縫；可是，那位講員應用那故事的方法令阿健困擾。那講員裝扮成巨人歌利亞的模樣，一邊逐一撕下貼在護胸甲上的紙條，展示出一連串孩子常犯的罪狀；一邊指出我們每人均要面對的「歌利亞」。接着，一位扮演大衞的健碩少年出現臺前，手上持着他的武器——一個寫上「信心」二字的甩石器，及五塊分別寫上「服從」、「服務」、「讀經」、「祈禱」及「團契」等字樣的石子。那位講員並沒有說明究竟大衞用那塊石子殺死歌利亞，阿健事後與朋友討論到講座的這部分時，大家都忍俊不禁。但在笑聲背後，他委實爲着怎樣應用舊約故事，而困惑不安。

阿健最感煩惱的是，他在半年前，也很可能用了同一手法帶領聚會，但這一回，他要準備上臺時，卻對那套手法失去了信心。他已開始尊重聖經事件的歷史統一性及進展。由歌利亞聯想到我們的罪、由大衞的武器推想到我們的信心和基督徒的德行，又或更直接地說，從大衞到我們的這種飛躍的聯想，似乎有邏輯，卻武斷。難怪阿健仍感到困惑，無奈他也即將站在臺上宣講，同樣側重這似是而非的手法。

你和我的處境都可能跟這故事不謀而合。若不是主日學老師，你可能是一個營會導師、查經組組長，或只是一個竭力尋求舊約對基督徒生活適切性的普通信徒；又或許你已爲人父母，渴望帶領你的孩子明白聖經豐富的意義，和達致應用經文的化境。不錯，每當我們閱讀聖經，總不免會遇上這些問題——怎樣應用經文才算正確呢？遠古的經文對今天的世界有甚麼意義呢？

我希望這本書可以在這鴻溝上架起橋梁，把古代世界與現代人拉上關係；然而，我們必須了解是甚麼鴻溝隔開了我們。這實非易事，但我們必須起步。若我們相信孩子可以明白神藉着聖經向他們說的話，我們就必須願意接受這個終身的召命，去更深認識神的話，以建造更穩固的橋梁。

本書旨在提供一個基本的架構，作爲更有把握地運用舊約，以及整本聖經的基礎。盼望本書能協助信徒跨越那分隔他們與經文原意的大峽谷。本書不會對聖經神學作一個全面的介紹，只希望能喚起讀者去開始一個令人振奮的讀經任務。

# 1 為甚麼要讀舊約？

在建造橋梁之前，我們必須問一個更加基本的問題：為甚麼要在鴻溝上大興土木？對許多信徒來說，問題不是怎樣閱讀舊約，反是為甚麼必須讀舊約？

## 為甚麼有些人不讀舊約？

十九世紀的講求思維的風氣，大大削減了人們對舊約的正面評價，今天仍有不少人受其影響。當日這種哲學觀點所帶來的結論就是，新約所表達的基督徒宗教，只不過是人類神觀的自然進化結果，舊約也因而淪為一種原始、落後的宗教表達。由於舊約與幾個世紀後的福音事蹟關連不大，所以它被視為是前基督徒的 (pre-Christian)；此外更因它不能與新約倫理及神學的高峯媲美，它也被貶為次於基督徒的 (sub-Christian)。縱然許多人並不同意這種觀點，實際上卻採取了類似的態度，因為他們只不過視舊約為教導新約的背景。或許，因為他們深信全本聖經的默示和權威，所以不願貶低舊約在神學上的重要性。可惜，實際上，他們往往比那些不重視默示的信徒更忽視舊約。

福音派對聖經的看法諷刺地將問題惡化。因爲「進化論者」喜歡删去舊約中道德上難以接受的野蠻、原始部分。另一方面，對有關以色列人滅絕迦南人、有些詩篇中對敵人的咒詛，或摩西律法中有關死刑的廣泛命令等，「保守派」似乎要嘗試把這些記載與他們視爲神的道的舊約協調起來。對「保守」的信徒來說，就算部分舊約在倫理道德上不應受譴責，其他部分也是無關重要的。

對第三類人來說，舊約的問題就是它枯燥乏味，冗長累贅，混亂難明。無論他們對聖經有甚麼看法，單單想到其分量及古老書卷結集成書的複雜性（比新約重三倍有多），便令人不期然地感到沈悶、無動於衷並忽視。

一個逃避這些難處的簡單方法，就是去多讀新約，這樣便不會令我們因忽略了舊約而良心不安。久而久之，我們就會逐漸遺忘舊約，也不再因此內心痛苦。

## 爲甚麼有些人一定讀舊約？

可幸還有些人仍然讀舊約。毫無疑問地，部分是基於一個信念——舊約是部分神寫下的啓示。而且，如果我們能正確地解釋舊約的話，它是老幼皆宜的。最常使用舊約中有關以色列人的事蹟者，莫過於兒童聚會的講員及編寫主日學教材的人員，因爲這些刺激而有趣的故事，對所有年齡的兒童，都別具啓發性和吸引力。一個精彩的以色列戰爭故事，足以令孩子們全神貫注，屏息聆聽。然而，那些想從舊約引伸基督徒信息的教師會遇上許多陷阱，而這些陷阱是要在了解聖經的統一性後，才會顯明出來。

## 誤入旁門

一些早期的釋經者，因未能明白聖經的統一性而誤入旁門，早期教會流行的寓意式解經 (allegorical method) 就是一個最佳例子。由於大部分舊約都被視爲沒有用和次基督徒的，故惟一起死回生的方法，就是從這些自然意思 (natural meaning) 的背後，尋求其隱藏的「屬靈」意義。

寓意的釋經方法，似乎是合法的，因爲尚有新約內容及教會教義作爲它解釋的規範。然而，不足之處是，當應用新約於舊約時，他們又以甚麼作爲準則呢？反之，舊約經文的自然意思與新約教導的關係，就全賴釋經者的聰敏了。寓意釋經法的一個嚴重影響，就是它會妨礙信徒去看重舊約的歷史或自然意義[1]。然而，這問題不單出現於舊約方面，其邏輯更在中世紀時有進一步發展。當時，除了根據新約的自然意義將舊約中「沒有作用」的自然意義，賦以屬靈的解釋外，更將新約**本身**的自然意義按着教會的傳統加以靈意化[2]。因此，現在聖經的權威並不建基於聖經正典的自然意義上，而是建在教會按其教義引伸出的屬靈意義的教導上。

**圖一　靈意化的過程**

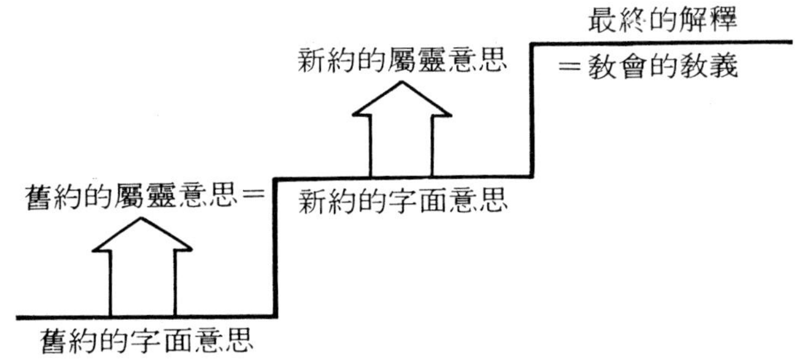

中世紀認爲釋經的發展，是依據聖經的四種意義的：

a.字面或自然意思

b.人類心靈的道德指向

c.參考教會的寓意

d.參考屬天實體的末世觀念

不是所有經文都以這四種意義研究的，而在研經方面出現了一些值得注意的活動（特別是在十二至十五世紀這段期間的），因有不少學者致力尋求字面釋經在聖經研究範疇上應有的地位[3]。

**圖二　中世紀的四重釋經法**

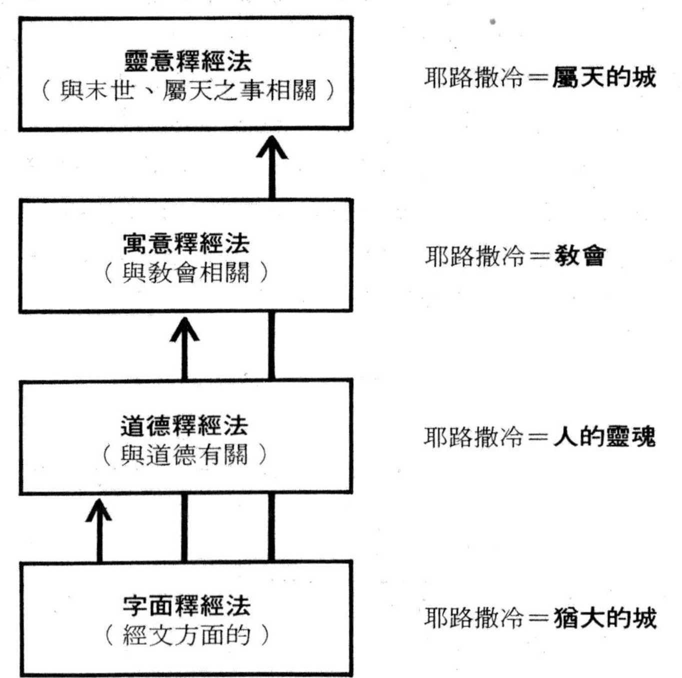

## 宗教改革之路

基督教的改革家幫助教會重新正視聖經歷史及自然意義的重要性，所以舊約本身的價值也受到肯定。改革家重申聖經的權威時，除了强調有關教會及救恩的聖經教義外，更重新肯定聖經的聖經教義。基督教的釋經建基於聖經的本質是**清晰**（清楚及自我解釋的）這概念上。摒棄了解釋聖經的外在權威——無誤的教會——後，改革家便能自由地接納，並運用聖經本身所具備的釋經原則。

故此，自我解釋的聖經成爲了信仰的惟一準則，而改教時期的口號就是「**惟靠聖經**」(*Sola Scriptura*)。每個信徒都有權去釋經，但這並不等於可以漠視聖經本身的釋經原則，按自己一時的靈感釋經。寓意釋經法之所以漸受淘汰，乃因舊約的歷史意義在聖經的統一性上，有其獨特的意義。

藉着宗教改革時期所建立的其他重大原則，我們可以進一步了解基督教的立場。改革家認爲得救是**純屬恩典**、**單靠基督**、**單憑信心**的事情。「純屬恩典」意即救恩乃神的工作，毫不受人的本性或行爲的影響。「單靠基督」是神接納罪人，完全是因着基督所成全的工作。「單憑信心」是指罪人接受救恩的惟一途徑就是信心，信徒可以藉着信心，得蒙基督的義。

這與舊約究竟有甚麼關係？其實改革家是在建立一套釋經方法，依據這方法，舊約的自然歷史意義，與基督連上了有機的關係 (organic relationship)；對信徒來說，舊約就別具意義了。神與以色列民族在相交上所顯示的恩典，是一個活的過程，而把這恩典推上最高峯的就是福音，即拿撒勒人耶穌基督的歷史事蹟。當我們强調舊約的「神聖歷史」(sacred history)，或「救恩歷史」(salvation history) 必須要透過道——耶穌基督——來解釋，我們也必須認定福音就是神在歷史裏的工作；更明確地說，就是神藉耶穌的歷史而成就的。

中世紀神學將福音內在化及主觀化到了一個地步，指神的接納及稱義的基礎，已不再是神在基督裏一次過所成就的，而是神不斷在信徒生命裏的工作。這種將神一次過在福音裏成全的工作的**歷史性意義刪除 (de-historicizing)** 的方法，其實是與舊約的**歷史寓意法**連在一起的。宗教改革藉着歷史的基督事蹟（福音），重建了救恩的基礎，結果也恢復了舊約歷史的客觀意義。當然，這與現代認為舊約是人類宗教思想的歷史發展一部分，或只是新約時代的歷史背景等看法非常不同。基本上，舊約並不是**人類**神觀的發展歷史；其實整本聖經本身乃展示**神**與人交往，以及神向人自我彰顯的過程。

## 舊約是不是為所有信徒而寫的？

新約提供了最能說服信徒閱讀及鑽研舊約的理由。新約見證了拿撒勒人耶穌就是獨一無二的那位，在祂裏面及藉着祂，神所有的應許都成就了。這些應許只有藉着舊約才能明白，這些應許的成就也只有藉着應許的處境，才能清楚了解。舊約是理解新約的先決條件。每一件新約作者所關心的事，都是舊約所見證之救贖歷史的一部分。新約作者不能把基督其人和其工作，以及基督徒羣體的生活，與源於舊約中的神聖歷史分隔。

當然，十分有意義的是，新約作者經常直接或間接引用舊約。有估計說，新約中至少直接引用舊約經文一千六百次，至於明顯地暗示或反映舊約經文的新約經文，更是不計其數[4]。當然，並非所有引用的經文都與舊約的思想連貫一致，有些甚至顯出新舊約之間的差異。但其全面性的效果是不能抹殺的——新約的信息是以舊約爲基礎的。

新約作者其實並不像一些人所說，隨意引用經文而不理會其處境。事實上，有時一段引用的經文的作用，是去激發讀者回想整段舊約經文。例如保羅在哥林多前書十章7節中，引用出埃及記三十二章6節的一部分有關以色列人歡宴作樂的情景，其用意是喚起有關以色列人拜偶像及金牛犢的整個事件。

一個人成爲基督徒並不需要許多舊約的知識。然而，信主卻肯定需要明白耶穌基督是救主和主。基督徒若不委身於基督的教訓，便不能委身基督。因此，基督對舊約的態度一定會感染到一個肯認眞研讀新約的信徒。我們愈多研讀新約，這個由耶穌、使徒及新約作者們所共持的信念——舊約是聖經，而聖經是指向基督的——就愈清晰。至於舊約怎樣見證基督這問題，需要回到新約裏才能解決，因爲新約爲信徒提供了解釋舊約的權威。

這帶來兩重結果。身爲基督徒，我們通常是從新約的觀點去看舊約——由舊約所指向之福音的架構去理解。但由於新約不斷假定舊約是一個整體，我們這些不及初期信徒那樣熟習舊約的信徒，只有按舊約本身的詞彙來研習它。若要明白舊約中整個救贖歷史，我們必須抓緊兩個基本眞理。首先，這救贖歷史是一個過程；其次，這段救贖歷史過程的目標、焦點及實現全在基督其人及其工作之上，這也就是本書所持守的原則。

不能抓住這眞理，主要是對舊約的正確研習有所忽略，以致助長了福音神學中，其中之一種最不幸的本末倒置現象。福音的核心、神藉着耶穌所作的歷史事實，今天已經常受到**輕視**，取而代之的是以神祕色彩爲主的個人屬靈經驗。但是，信靠福音主要是在於接受並委身於那宣告，就是神在二千多年前藉着耶穌爲我們所作的，而今天更多人把這拯救的信心解釋爲信靠神現在於我們裏面所作的。聖經的意念，像「赦罪」或「救恩」等，則基本被解作信徒的個人經驗。但當我們容許整本新舊約聖經向我們說話時，我們發覺那些在信徒生活中非常重要的主觀經驗——新生命、信心及成聖，全部是福音的**果子**。正當福音適切於個人不同的需要，它同時紮根於救贖歷史之中。它成爲罪人的喜訊之前，它先是一個關於耶穌的好消息。事實上，惟有當我們能抓緊這個**客觀**（救贖歷史）的事實，我們才能明白那個別的**主觀**經驗。

在這裏，或許有些讀者會以爲我們離開了起初的方向，去討論釋經的歷史。盼望上述一些技術性的討論，不會使大家卻步，因爲我深信衆信徒均需要建立一個讀經的方法，來了解及使用聖經。對所有信徒，甚至兒童來說，要對聖經有全面性的理解，以致能明瞭不同部分關係的重要性，不單是可能的，而且是必須的。

## 研習問題

1. 你讀舊約時，最大的困難是甚麼？爲甚麼你有這些困難？
2. 爲甚麼讀舊約時常想及新約是重要的？
3. 請探討路加福音二十四章 25 至 27 、 44 至 47 節對研讀舊約的含意。

## 註解

[1] 見 Beryl Smalley, *The Study of the Bible in the Middle Ages* (University of Notre Dame Press, 1964) 第五章。Stephen Langton（卒於一二二八年）在竭力應用寓意式及靈意化釋經時的例子，例如，列王紀下一章2節所記：「亞哈謝在撒瑪利亞，一日從樓上的欄杆裏掉下來，就病了。」該段經文被解釋爲一位教會的高級聖職人員，因草率地進入牧職，面對困境而墮入罪惡中。路得記中的波阿斯則代表神，當他問監管收割的僕人說「那是誰家的女子」時（得二5），其實是在垂詢神學博士們有關那搜集聖經經文、預備講道的傳道人的身分。我們可在 W. Ian Thomas, *If I Perish* (Grand Rapids: Zondervan, 1967) 中，找到另一個與中世紀寓意式解經法不相伯仲的現代例子。作者在處理以斯帖記時，認爲亞哈隨魯王代表人的魂，哈曼代表罪惡的肉體，末底改代表聖靈，而以斯帖則代表人的靈。

[2] 見 J. S. Preus, *From Shadow to Promise* (Cambridge, Mass.: Harvard University Press, 1969)。

[3] R. M. Grant, *A Short History of the Interpretation of the Bible* (New York: Macmillan, 1948). 這是一本有助於釋經入門的書。

[4] Henry M. Shires, *Finding the Old Testament in the New* (Philadelphia: Westminster Press, 1974), p.15.

# 2 跨越鴻溝

第一個要跨越的就是時間與文化的鴻溝。聖經的人物和事物與我們相距很遠。事實上，我們愈仔細研究某段經文的歷史背景，就愈發現時間、語言和思想方式的鴻溝非常巨大，把我們與經文分隔開。

可是，時間和文化並不是鴻溝的全部，還有一個更重要的層面，那是有關神怎樣在聖經裏啓示祂自己，和祂所啓示的**內容**——這方面與我們所稱的「神學」有關。或者，在這裏應該指出**神學**這一名詞正是指人對神的知識而言，意即神透過自我啓示，使人認識祂。因此，這個詞只能在第二個層面上，應用於不同學者（部分甚至不相信神的啓示）的廣泛宗教研究和討論上。關於這一點，我們會在第三章末詳細探討。

## 一個直截了當的例子

爲了說明時間、文化和神學上差距的問題，讓我們假設現代基督徒翻開保羅的其中一卷書信，便會讀到他的一些神學詮釋，及有關與福音眞理相稱的生活勸勉。設若作出一些調整，接受事實，曉得這是保羅在一千九百年前寫給住在小亞細亞或意大利的人，我們便不會感到這是了解經文的嚴重障礙。更重要的是，我們不會認爲這些差距嚴重地妨礙我們接受保羅給加拉太人的書信，即加拉太書就是神給我們的話語。其中的理由很明顯：保羅是以福音爲基礎向當時的基督徒說話，而我們知道，除了時間和文化的差距外，第一世紀和二十世紀在神學上仍有充足的共同立場，把保羅的說話當作是對我們說的。

由於以上的分析，且根據神的啓示和神與人交往的觀點，我們已經直覺地發現基督徒的教會是古今一體的。她屬於同一個神與人交往的紀元。這紀元的一端是五旬節新約教會的誕生，另一端是基督帶着能力和榮耀再來，審判活人和死人。若我們讀到這範圍以外的經文，差距就會擴大，我們就需要加倍小心和更多技巧來拉近這差距。

## 「差距」擴闊

讓我們稍稍回顧已清楚界定的「福音」紀元。在使徒行傳一章，路加描述了耶穌復活後的顯現和升天的情景，這與我們所了解的有着極大的差距，因那是在聖靈降臨以前發生的。這時期有其獨特的地方，而在使徒行傳二章聖靈降臨的記載中也有提及，因此便產生了一個問題：這一獨特時期能夠提供多少可以直接應用在我們身上的資料呢？我們畢竟沒有經歷過當時信徒的處境，而他們正期待着一個僅此一次的新紀元。這樣便涉及到一個重要的釋經原則：我們沒有充分理由時，絕不能對歷史的事件作出結論（至於甚麼是充分的理由，我們會稍後論及）。

同樣，我們可以繼續深入與今天基督徒處境有更大差距的聖經歷史裏。例如，福音書不單記載許多有關五旬節以前的事情，更有基督復活和釘十字架以前的事情。我們不要簡單地假設，有關門徒並他們與耶穌在地上生活的關係等記述，會向我們提供行事規範的指引。我們知道我們必須作出調整，因為我們與耶穌的關係，是藉着信心和住在我們裏面的聖靈而來的，因耶穌已經不以肉身留在地上，而在天上了。我們現在是回顧耶穌的生平、受死和復活等已完成的事件，而福音書則是期盼這些事件的實現。譬如約翰福音一章12節：「凡接待祂的，就是信祂名的人，祂就賜他們權柄，作神的兒女。」這與現代的福音工作有關係；但是，除非我們眞正探究過這節經文的原意，否則我們不應採用。這節經文指出肉身的耶穌進入猶太人中間，作他們的彌賽亞，但是他們卻不接納祂（ 11節 ）。整個猶太民族都不承認耶穌是基督，但是，那些接受祂的便成爲神的兒女。

倘若在新約已出現這難題，更別說舊約了。因爲在舊約裏我們所處的不單只是在復活以前的情況，而是在道成肉身以前及基督徒時代以前的情況。事實上，舊約與我們情況之間的不同處，比起相同處是更容易覺察出來的。因此，我們着意把握明顯的相同處，令它們成爲解釋和應用經文的指引。以色列的神是我們的神，而祂的屬性不會改變。縱然忠心的以色列人和舊約的「聖徒」不認識基督，他們仍是眞正的聖徒。我們往往被「若不認識基督又怎樣得救呢？」的問題所困惑，甚至不去探究他們怎樣表現信仰的生活。

## 人物研究法

舊約的人物研究有其本身應有的地位。舊約比新約有更多真實的生活處境——更多有關歷史的經文將人的真實面貌，並面對神的情況顯示出來。我們閱讀舊約時，那些研讀福音書和使徒行傳等歷史記載的困難，就更形嚴重；因爲不能單單將昔日的經驗全盤搬到今天的處境裏。在處理歷史記載時，應避免兩種危機：

a. 我們不應將這些記載的內容單單看作一連串從中吸取道德教訓或生活例子的事件。許多舊約的經文引伸到基督徒生活中都只剩下道德教化。那幾乎只是（在神的作爲的背景中）**觀察**敬畏神的人與不信神者的行爲，然後**勸勉**人從觀察所得吸取教訓。故此，在研究聖經記載時，人物研究法是較受歡迎的方法，如研究摩西生平、大衛生平，和以利亞生平等等。這樣的人物研究並沒有任何不妥，因我們可以藉着別人的例子來學習，可是這些人物研究往往取代了許多更基本的經文教訓，實在矛盾得很，它們甚至使我們離開福音的根本基礎。我們當然不會用寓意釋經法解決這難題，硬將任何歷史事件都當作預表基督，而不理會聖經整體的結構。

b. 我們必須要慎防過分側重這些聖經人物的例子（不論是好，或是壞的），作爲基督徒生活的準則。如果只着眼大衛怎樣救以色列人脫離歌利亞的手、以利亞面對耶洗別威嚇時的反應，和掃羅展示他不道德的行爲，把它們視爲仿效或避免的例子的話，我們會將這些人物的意義降到最低點。這種方法很容易使其他可能是啓示的部分的特點模糊起來。

人物研究法的危機是，很容易將舊約的人物及事件，只當作闡釋新約眞理的說明，而同時又以爲這是對神話語的正確詮釋。可是，如果聖經眞正的實質，只能在新約中找到的話，我們便不禁要問：舊約怎樣可以應用在我們身上呢？爲甚麼不可以用聖經以外的材料來闡釋新約呢？這樣的批評並非否定以舊約來闡釋新約原則的價值，但我們不應假設這樣的方法揭示了經文的基本意義。

我們要再進一步强調這點：人物研究法經常錯誤地向現今的讀者暗示，他們可以認同昔日的人物。然而，如果要避免錯誤應用這些人物和事件，就必須留意它們在歷史和神學上的獨特性。如果神昔日眷顧嬰孩摩西，神今天是不是也這樣照顧我呢？這種應用法單純地假設在某一特別的情況中，發生在摩西這個獨特人物身上的事情，也會發生在我們所有人身上，且是隨時會發生的。那末，爲甚麼我們的孩子受到優待，能夠與摩西一樣，而不會像當時其他逃不過法老烈怒的希伯來人的孩子呢？在這例子中，摩西和他被神保守的神學意義顯然被忽略了。

在大衞和歌利亞的記載中，信徒應該認同以色列士兵還是大衞呢？（當然不會是歌利亞！）可是，有人會說，在士兵和大衞身上同樣可以吸取教訓，前者展示了缺乏信心的基督徒，而後者卻是全心信靠神，並能征服强敵的模範（大可不必理會那些石子）。在某程度上，這是眞確的，那些兵確很驚慌，而大衞是個對神有信心的人，但這就是所有的教訓嗎？肯定不是！當我們按上下文閱讀這段記載，便會發現其中有些地方是大衞獨有的，而不適用於我們身上。大衞剛在歌利亞事件（撒上十七章）前被神膏立爲王，他親受了神的靈行奇事，拯救以色列人（這與士師記裏已建立的拯救者之模式一致）。因此，大衞這次擊殺歌利亞，正顯示他是獨特的、神膏立的王，所以贏取了這場戰爭。

信徒應用這眞理，與不求甚解就向大衞認同是大有分別的。其實，我們更應向那些站在一旁、觀看大衞的百姓和士兵認同。對聖經中所有身負神的獨特使命的人物來說，這一點同樣適用。如果他們所作的事，是任何敬畏神的人都能成就的，那麼，教訓就夠清楚了；但如果那是先知、士師，或救世主的成就，則在那種意義上，那項事情就不能普遍地對神的所有子民都適用，正如耶穌作爲基督的獨特職事一樣。

## 聖經的整體性

我試圖把這問題當作基督徒事奉中所碰到的實際問題一樣，如沙灘佈道、主日學，諸如此類。至於在導論中的那位週年紀念講員的例子，則極有自傳色彩。我肯定這種錯誤的做法，在今天甚爲普遍。問題的根源是出自聖經的整體性，這不單是一個學術問題，甚至是牽涉到教導兒童聖經的最基本問題。

如果要避免胡亂演繹聖經，便需要了解正確的釋經方法的原理。相信我們大都假設了整本聖經，及其信息都有一些基本的統一。它不單是神聖書卷的總集，而是包含了一個救贖故事。假若整本聖經有這種統一的主題，那麼，信息的**結構**——即每部分與整體的關係——便會成爲釋經的關鍵了。

我們不能避免的就是，每逢閱讀聖經時，總會涉及解釋方法的學問或所謂的**解經學 (hermeneutics)**。就算你閱讀朋友的來函，亦要按他所慣用的字眼來理解內容。我們都知道，書信的溝通比面談難得多。我們談話時，除了語言外，還有面部表情和聲調的變化，我們甚至可以改變說話的速度音量，抑揚頓挫。當對方面上稍露疑惑神情，我們更可以停下來解釋清楚；可是，文字卻缺少這些幫助解釋的元素，就是知己的來鴻，也不會例外。故此，要研究聖經古卷時，釋經學顯然是必須的，因爲那些經卷是用外語寫成，更何況是寫給另一個世紀的人哩。

讓我們用地圖作比方吧。當你打開一個大城市的地圖計劃行程，你已經將地圖當作是眞實的。因此，我們相信地圖上有關從某處到另一處的資料，與該城市各區和各街道的聯繫一模一樣。若有人開玩笑，將澳洲悉尼地圖的一半，與墨爾本地圖的一半拼在一起。那麼，要根據這地圖去計劃由墨爾本市政府到悉尼劇院的旅程，便不可能了，因這兩部分互不相屬，沒有統一性。現在如果我們要從「前基督徒時代」的經文，進入二十世紀的福音時代，就不要單單假設兩者之間有關連便算，我們更必須明白它們怎樣連起來。就像讀地圖一樣，我們讀聖經時一定要知道聖經內部的統一性是甚麼。顯然的，這種統一並非靜態的一致性，好像聖經只是一個合標準經文的大文庫，可以在其中隨意，以及不顧上文下理地選擇應用。可惜有些人卻以這基礎來閱讀和應用聖經，甚少理會自己的實際處境，和他們所抽取的信息。

讓我們從另一角度來思想兩者關係的問題。有一句名言說：「一段沒有上文下理的文字只是托辭。」這精警名言提醒我們，聖經並非一堆毫無關係的句子集合在一起，可以任意在教義方面應用。其中一個將聖經經文分章分節（在中世紀之前是沒有的）的悲哀結果就是，人反常地肢解了經文。保羅寫給羅馬人的信，並不是由單獨的、附有很多經節的十六章經文組成。我們都知道一項事實，我們當中任何人，可在任何經文中，任意抽取一些句子，證明任何事情。我們都曉得句子是表達思想的基本寫作單位。可是，我們又是否領略到某句子的含意是取決於它的上下文呢？

我們要正確地明白一句句子的意思，究竟要涉獵多少篇幅的上下文呢？我們會隨意取一段經文作爲範圍，但先要能肯定那是相等於本來沒有標點，和分段之希伯來文或希臘文的段落。可是，某一段往往是在無數段落中的一段而已。我們可以從段落伸展到章數（甚至有些單位是原作者所不知道的），以至整卷書。通常不需要把範圍擴展得太大，便可以找到某一句一節的上文下理。然而，某一卷書本身的統一，指出了認識整卷書與認識其中各部分是不可或缺的。因此，我們合理的結論是，如果聖經的統一是有意義的話，所謂上下文就是全本聖經。任何經文若不單與緊接的上下文有關，而更與全本聖經所啓示的救贖計劃有聯繫的話，它就更有意義了。

## 總結

總之，接受整本聖經是神的話語會引出一個問題：到底聖經怎樣在二十世紀對我們說話？我們怎樣能確定神昔日對與我們處境極之不同的人所說的話，在今日仍然適切呢？

了解問題的本質是解決問題的起步點，釋經的難題與聖經的統一本質是息息相關的。我們要明白聖經不同部分的關係，也即表示不單要明白聖經的統一，更要明白其不統一 (disunity) 的所在。我們已探討了經文的時代與現今這個福音的時代距離愈遠，則其間的差距就愈大。耶穌的「道成肉身」是一個獨一無二的事件，不單中斷了聖經的連續性，也在人類歷史中劃分了公元前後兩個紀元。

上文也已經研討過聖靈降臨後時代、聖靈降臨前時代，和前基督時代之間重要的分別。我們現在應該問，究竟是甚麼將這些時代聯繫起來，以致聖經中的六十六卷經文構成一個有機的統一啓示。

## 研習問題

1. 今天，使徒行傳是我們的規範嗎？若否，爲甚麼呢？
2. 人物研究法應有甚麼價值呢？
3. 啓示錄二十一章1至4節及二十二章1至4節的內容和意象，怎樣幫助我們明白聖經整體性的本質呢？

# 3 舊約是甚麼

要探討像舊約這樣複雜的事物，最好不要先下假設，反而是要研究甚麼使它變為繁複。請那些比較熟悉舊約的讀者稍為忍耐這方面的討論。

舊約首要而又最為顯著的層面是其文體。舊約是一本書，或可以說是一套叢書。其次，我們注意到這些經卷有一共同特點，就是它們與某一段歷史結合，而該段歷史包含了一段特定連貫的時間，以及一段特定連續的人類歷史。再者，舊約展示了神學的方面，這些以歷史為主題的文學作品，代表一段神跟世界和人類關係的獨特歷史。因此，讓我們研究一下舊約三大核心層面（對整本聖經而言）——文學、歷史和神學方面——的含意。

## 舊約是文學作品

舊約是由不同作者，歷一千多年所寫的三十九卷書結集而成的，幾乎全部舊約都是以希伯來文寫成的。希伯來文是西北閃族的一種古老文字，十分接近迦南人的語言。小部分舊約則以亞蘭文寫成，亞蘭文是另一種閃族語言，在巴比倫帝國內通用，並在公元前六世紀，被猶太人吸納採用了。舊約最早的部分可追溯至公元前十三世紀摩西的時代，而最晚的部分，則於公元前四世紀的希臘時代以前才完成。[1]

舊約的書卷一般歸納爲律法書、歷史書、先知書和詩歌書四類。這種分類是有價值的，可是過於廣泛，若能按其文體再仔細的分類，幫助則會更大。不同的文體和形式有不同的功用，如果我們欲避免錯解作者的原意，則不能不認識希伯來文學不同文體的形式。我們不應該期望希伯來作者同受制於現代熟習的文體表達形式。聖經並不是一套二十一世紀作品的總集，而是一部採用古老的語言表達、與我們思想方式不同的古代總集。

我們不必太着意將各書卷分類，因爲在任何一卷書內，都可以找出不同的文體類型。要先分辨出每一種文體類型，才可以正確地解釋它。因此，一般歷史記載的隱意，可以跟一個比喻，又或摩西律法中教訓的隱意不同。有些文體是我們較熟悉的，所以理解它們並不困難；而對其他我們不熟悉的文體，除非先了解該類文體的本質與功用，不然我們還是不易明白其原意。

在舊約中，我們發現：

| | |
|---|---|
| 歷史的記述 | 智者箴言 |
| 律法和法規 | 教導性的知識 |
| 先知代神發言的神諭 | 頌讚詩 |
| 家譜 | 感謝禱文 |
| 不同類型的詩歌 | 哀歌 |
| 嘲諷 | 末世的異象…… |
| 比喻和寓言 | 及其他。 |
| 謎語 | |

我們不用爲了避免錯失，而成爲古代文體的專家，但應該更加認識這些文體，和了解它們的功用。當我們反省到神所使用的溝通媒介，就驚訝於我們對文體方面的忽略。同樣令人詫異的是，某些釋經者光只强調一種釋經方法，如「字義」釋經法。當然，如果我們想像字義法可以用來配合不同的溝通語言的話，它的確可以是一種絕對有效的處理文體的手法。不過，本書並不打算討論複雜的文體類型問題。無論如何，讓我們對古代慣用的溝通的文體媒介，保持着一個開放的態度，並經常對聖經中奇妙多變的表達方式保持敏感。

## 舊約是歷史

若對舊約歷史一無所知，我們便難以明白舊約在聖經中的功用。但對大部分人而言，把一大本以色列歷史由頭至尾看一次並非解決方法，那應是遲些才做的事。我們必須從一個聖經歷史的基本架構開始，以一種鳥瞰式的方法認識歷史進程中重要的事件。這是不難做到的，其實在聖經中很容易找到一個十分簡明的歷史大綱，就算陷於列王紀困局中的讀者已沒有了這種印象。第 28 頁的簡單圖表是我由一位老師學習回來的，它足以代表舊約的歷史。

於日後多些了解舊約時，可在這個簡單的圖表加上細節。然而，我們不能過分强調，沒有歷史主要進程和人物、事物之間關係的知識，便難於發掘聖經的意義。聖經作者深切地認定，神在歷史中並不是不完整地或反覆無常地動工，反而是有目的地施行計劃。聖經不是一些抽象意念或公式化的教義，而是救恩歷史的一個奇異組合。

圖三　舊約歷史大綱（不按比例的）

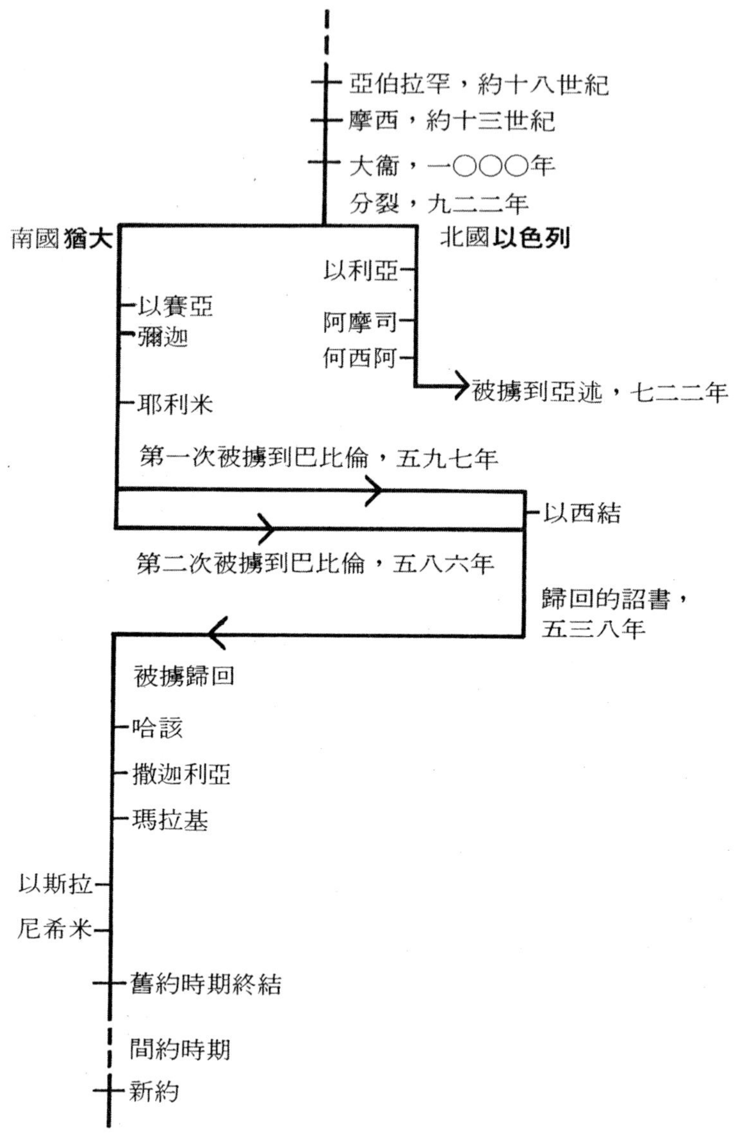

若你從未了解過聖經中基本的歷史進程，現在便是着手的時侯了。我建議你使用第28頁的圖三，或其他類似的圖表，並輔以一個在衆多有關書籍中可找到的聖經歷史概論[2]。我在此要指出，有時分辨甚麼是聖經的歷史概略，和甚麼是歷史學者重組的聖經歷史是必須的。許多歷史學者都認爲只可接受那些已從聖經以外來源證實之資料。對一些人來說，經已證實的最早期聖經歷史，是公元前十三世紀後期在迦南的聚居地[3]。大部分人卻可以接受亞伯拉罕的時期[4]。然而，我們在此並不是要查證這些聖經歷史眞實的可能性，而是要了解聖經表達這些事件的典型。

## 聖經展現的聖經歷史

我們所處理的是從宇宙、世界和人類的創造開始的歷史。其後，歷史便集中於人（亞當）並他與神的關係上。因着他反叛創造者，而被逐出伊甸樂園後，罪惡的增長及蔓延就是人類歷史的寫照。這引致洪水毀滅全地，結果只有一個家庭存留地上。雖然聖經歷史的焦點是在閃族及亞伯拉罕身上，但從挪亞的家庭起，人類後代開始分散在世界各國中。

亞伯拉罕蒙神呼召，離開米索波大米亞，並走向迦南。在那裏神給他有關他後代的應許（迄今，這是空前絕後的）。日後這應許傳給他的兒子以撒，和以撒的兒子雅各。其後，雅各的後代移居埃及，在那裏成爲大族。當百姓在埃及淪爲奴隸，神便差遣摩西帶領他們進入迦南地，這正是祂曾應許賜予亞伯拉罕後代的。這是一段漫漫長路，期間並有西乃山立約事件，藉着此約，以色列民族便成爲神的子民，並得到一切所應得的。

因着迦南地土著的佔據，並爲了安頓下來，他們便需要有關約的某種管治和行政的形式。犯了選擇掃羅王這個錯後，以色列人便得到一個偉大的領袖大衞。他聯合所有支派，建立首都，保衞邊界和建立正常的行政措施。然十分不幸的是，大衞的繼承者所羅門野心太大，施行愚昧的政策，以致悲劇收場。他兒子繼位時發生了叛亂，北部的十支派正式脫離中央，建立以色列國，當時大衞的王朝只能在南部繼續統治，是爲猶大國。

雖然先知不斷呼喚百姓回轉對神守約，但北國和南國的繼承者都是每下愈況。北國終於敗在亞述人的手下（公元前七二二年），再不能獨立自主。超過一世紀之後，巴比倫的勢力直指南國，摧毀耶路撒冷（公元前五八六年），擄去大部分百姓，猶大國在政治上名存實亡了。

後來，波斯人古列征服巴比倫，並准許被擄的百姓回歸家園（公元前五三八年），猶太人終於脫離在巴比倫的被擄生涯。許多猶太人決定留在巴比倫，因爲他們覺得那裏的生活頗合適。然而，那些回歸的人卻要面對重建猶大國的掙扎和困難。最後，藉着波斯的援助，情況穩定下來，耶路撒冷城和聖殿也重建了。然而大衞和所羅門的黃金時代已一去不復返，舊約時代不是在成功中，而是在這樣的痛苦啜泣中完結！

在兩約之間約有三個半世紀的時間。在這期間，猶大國的政治發展極之複雜。亞歷山大大帝進軍小亞細亞，佔領了埃及、巴比倫，直到印度邊境，波斯帝國終於瓦解。因着亞歷山大繼承者的努力，希臘文化深入全帝國。猶太人逃不了異教的希臘哲學，與猶太教敬拜獨一眞神，以及遵守律法的生活之間的可怕衝突。在公元前一世紀的中葉，羅馬人進侵中東一帶，而猶大便成爲大羅馬帝國的一個省份。

## 舊約歷史不是……

驟眼看來，舊約的歷史是關於一個無關痛癢的小國，她大部分時間都受制於任何在中東統治的强權。不幸地，這只是着眼於舊約歷史的一些細節時的印象。當然，研究細節也是重要的，但人性的弱點偏偏就是「見木不見林」。開始時，過分注意以色列史的細節，或許會錯過事件之間的重要關係及它們的一般模式。

請謹記歷史著作的一個要點，歷史不會純粹是細節及事件的記錄。歷史學者都會按他的**目的**來**取捨**材料。當然，他不能將其中一部分歷史完全抽離其背景，但他卻可以集中寫某部分或其他方面，以致其他事件變成了背景。因此，在同一時期，同一國家中會有其政治歷史、經濟歷史、社會歷史、軍事歷史等。

那麼，舊約歷史屬哪一類呢？首先我們要看舊約歷史不是甚麼。它不純粹是**以色列的歷史，因爲有部分是這民族、國家誕生之前的歷史，而不能只看這些內容爲背景的材料而已。創世記一至十一章是十分重要的，絕不能掉以輕心**。

**舊約歷史也不是一部宗教歷史**，若是這樣，我們繼承的不是別的，只會是歷史學者所關注的宗教思想和活動。舊約宣稱它的內容不止於此，特別是它不斷對人類的宗教活動發出審判，甚至連以色列人也不會放過。而事實上，將聖經視作一部宗教史，是十九世紀理性時代的一個十分嚴重的錯誤。

## 舊約歷史是……

只要舊約是歷史，它就是一部**神學**的歷史，它是神自己寫下的、祂與世界並人類交往的記錄，而非一部宗教史（人寫的人類宗教記錄）。聖經的特色是不記錄事件，即因偶然、盲目命數或一連串因果關係而發生的人世間事件。聖經裏的歷史是有**目的**的，那貫串所有事件的就是神的心意。聖經歷史學者不會只將視線放在事件本身，乃是視之爲神的作爲，又或神按其屬性審判世人的事件。神呼召亞伯拉罕離開吾珥，也是祂帶領以色列出埃及，興起古列釋放在巴比倫的以色列人，及按人在祂眼中的善惡來審判世人。就是聖經歷史中這有目的的元素，使它與衆不同，也使它的內涵富有特色。

再者，聖經歷史（聖經所展示的歷史，而非只是在聖經時代的歷史）便是神對人說話的一部分。神自己詮釋歷史，好叫我們知曉祂在歷史中要達到的目的；就是這些歷史事件被詮釋爲神的作爲，才令聖經有神聖啓示的特質。這是聖經恆久的見證，它記錄了神的說話，顯示神**宣布**祂的心意和目的、祂怎樣根據祂的話**動工**，並**解釋**這些事件。因此，我們便發現一些與現代解釋不同的見解，如神告知摩西祂會怎樣對待以色列（救他們出埃及和賜予他們迦南地），及祂動工的根據（對亞伯拉罕的應許）。出埃及一事後，神接着宣告：「我是耶和華你的神，曾將你從埃及地爲奴之家領出來。」（出二十2）

這種有目的的歷史不單只顯示出神的心意，也影響了傳播這些思想的途徑。事件的選擇和詳盡的記錄，乃由神學含意所決定，與任何軍事或政治的意義無關；神學操縱了歷史的寫作。事實上，神在人類歷史的作爲和祂對這些作爲的詮釋，表示出這些歷史事件的模式，會與神的心意有關。聖經歷史乃神學的歷史。

## 神學是甚麼？

神學指有關神的知識，正如祂自己所顯示的。聖經神學包括研究神在這世界和人類歷史中動工所彰顯的啓示。聖經研究最關注的是神的啓示：神在祂作爲的記載中，對我們說了甚麼？神以特殊的方式進入人類歷史時，祂做了甚麼？我們已論及聖經統一的問題，我們現在要申明的是，神學是締造聖經統一的最主要部分。在聖經的歷史中動工和說話的是神；此外，祂所說所作的背後有一個統一的目的。神的信息不是一連串毫無關係的零碎資料，而是一項統一的聲明。

擺在我們前面的工作乃是要明白神說了些甚麼，和祂怎樣說。因此，我們首要關注的是祂的啓示——神學方面。但是，我們不要將祂的說話與作爲跟處境（即歷史）分割，同樣也不能將它們與記錄的形式（即文字記錄）分割。我們要認識聖經基本統一的地方，但不要忽略了它的多元化和複雜內容。

## 研習問題

1. 文學體裁研究對明白聖經有甚麼幫助呢？
2. 舊約歷史記述中事件的發生與否，是否有影響呢？
3. 當我們說聖經歷史有其神學意義，我們的意思是甚麼？能否在使徒行傳二章22至36節中找出其據點？

## 註解

[1]學者對於但以理書的寫作日期意見分歧。表面上，但以理屬於公元前六世紀的人，而書中也描述了被擄於巴比倫期間所發生的事。許多近代的學者則認爲但以理書是公元二世紀、在希臘的安提阿哥伊皮法紐 (Hellenistic Antiochus Epiphanes) 統治時、有關猶太人被逼害的一本詮釋。作者則借用公元前六世紀的情況，掩飾眞相，但反而更顯明該書的眞正意義。

[2]例如，可參看 John Stott, *Understanding the Bible* (London: Scripture Union, 1972)〔譯者按：中譯本是司徒德，《認識聖經》（臺北：校園，一九七六）〕，而任何一本完善的聖經字典都有聖經歷史的大綱。較完備的資料，可參看 John Bright，*History of Israel* (London: SCM Press, 1972)〔譯者按：中譯本是布賴特，《以色列史》（香港：文藝出版社，一九七一）〕，或 Charles Pfeiffer, *Old Testament History* (Grand Rapids: Baker, 1979）。

[3]出埃及和在迦南定居的日期是個具爭論性的題目。今天許多學者都接受出埃及的日期是十三世紀的早期。

[4]這是 John Bright 與激進的舊約歷史學者 Martin Noth 之間看法的主要分別。Bright 接受列祖的歷史記載在其所描寫的文化世界中是忠於歷史證據的。因此，根據 Bright 的說法，我們大概可以接受這些記載的歷史性。而 Noth 則不接受任何在迦南定居前聖經事件的歷史性。這方面的辯論可參看 John Bright, *Early Israel in Recent History Writing* (London: SCM Press, 1956)。

# 4 聖經神學與救贖歷史

在研究聖經的整體性與結構時，我們已探討過文學形式、歷史架構和神學結構等三方面的特性。它們對解釋聖經是極其重要的。因爲神的啓示與祂的目的（即神學）是聖經的特質，所以過去很少人注重研究聖經神學。近年有不少特別爲一般基督徒而寫的非學術性書籍出版，它們大部分是研究聖經文學、聖經歷史和基督教教義；但是鮮有一本是研究聖經神學的。

## 基督教教義與聖經神學

我們要留意基督教教義與聖經神學的分別。本書是根據聖經神學的方法着手解釋聖經。基督教教義（系統神學或教義神學）都是根據一些最基本的主題，有系統地整理聖經中的教義；這些主題包括人、罪、恩典、教會、聖禮、事奉等等。這種系統性的神學整理結果是否可信，全在乎釋經的工夫是否恰當。這種做法是根據**昔日**的經文，指出**現在**所信的眞理，並宣講的內容。當然，這方法是有限制的。聖經的結構與內容都不是系統化的——沒有一段經文是特別寫罪的教義，也沒有另一段專寫救恩的。所以，基督教教義所要求的是，將聖經歷史中動態過程架構中的材料，轉化爲忠於聖經的形式，迎合現時的需要。神學家想避免「經文驗證」(proof-texting) 的陷阱，（譯者按：這是指用聖經來支持一套既定的思想和理論，而該等思想或理論本身未必出自聖經本身的教導和立場，而全是作者個人的想法而已。）因它假設所有經文對建立教義都有同等價値，故並不需要考慮其上文下理。因此，愈是靜態的教義，愈要正確地掌握神的啓示，而啓示就是神與人交往的歷史進程，並以不同的形式記錄在聖經之內。

正如這裏所界定的，聖經神學是動態，而非靜態的，即是說，它依循着神啓示的活動和進程。它與系統神學的關係密切（兩者是互相倚賴的），但各有不同的重點。聖經神學的目的不是爲着得到一套關於信仰內容的教義，而是要找出啓示展開、邁向神最終在耶穌基督裏啓示這目標的**過程**。聖經神學目的是去尋求了解聖經記載中，神在不同紀元的啓示作爲之間的關係。系統神學家最有興趣去完成一篇文章——基督教教義聲明。另一方面，聖經神學家卻是關注發現眞理的進程。系統神學家以聖經神學爲基礎，將五旬節前的經文，建立成爲**基督教**教義的一部分內容。

我們可以運用聖經神學的方法，檢視如摩西時代的事件，在神學上如何與後期先知的預言，和新約的福音有關連。因此，若能明白聖經啓示的發展，我們便可更容易指出摩西律法、曠野嗎哪的記載，或其他舊約的事件，對今天的人有甚麼適切的意義。

## 救贖歷史和神的國

既已知道舊約不單是一本以色列歷史的教科書，而是一部神學歷史。那麼，我們可以怎樣分析了解這歷史，以致明白它裏面眞正的統一性呢？我建議大家將舊約看爲一部**救恩歷史**。換句話說，舊約的鑰匙不是以色列人所扮演的那部分——雖然這也很重要，而應是神在解救爲奴的百姓、將他們歸爲己有時所參與的那部分。第一個方法是將舊約降格爲一個古代國家的歷史；第二個方法是將以色列史看作爲神救贖作爲的部分。

當然，救贖不是惟一建立舊約的神學觀念，因爲救贖只是引向目標的過程。到底舊約有沒有談及這目標呢？它的確有——神所救贖的子民乃神國的子民。故此，我甚至會指出**神的國**這目標，乃舊約的核心主題，比整個引領人進神國這救贖過程更爲重要。當然，我們不能眞正完全將兩者分割。過程需要目標，目標也需要過程或達致目標的方法。

## 救贖歷史的特性

首先，救贖歷史是**漸進的**。只要比較列祖（亞伯拉罕、以撒和雅各）對神的心意，加上被擄後的猶太人對摩西及所有先知的了解，我們便很容易明白這點了。我們讀新約時，我們更充分明白福音及其含意。福音的核心就是天國（可參考可一 14 ～ 15 ）。

這是否意味眞理在起初時，是較爲模糊不清的，直至耶穌來臨，才顯得清楚明白呢？並非如此，雖然在某程度上，「漸進亮光」的觀念是有用的，但卻不能說明甚麼是這過程中的重要高潮。我們所發現的是一連串獨立的進程，每個進程都帶來一個高潮，而導入另一新的進程。在歷史和神學上强調某些事件和人物，會指示讀者注意這類高潮。

第二，若**沒有新約**，救贖歷史是**不完整**的。事實上，若果我們忽略新約，先知在舊約中預言的天國，就永不會實現了。舊約中那些偉大的「拯救事件」（如拯救挪亞、呼召亞伯拉罕、出埃及、建立聯合王朝、巴比倫毀滅耶路撒冷，以及先知預言的全新和完美的王國）都在基督及其國度裏實現了。新約賦予了舊約的拯救事件一個焦點。

基督教與猶太教在「舊約是不完全的」這看法上沒有分別，因爲猶太教同樣明白到，預言中的未來盼望在舊約時仍未實現。有些時候，基督徒及猶太人都似乎忽略了未來彌賽亞的應驗，以致將舊約降格爲一套，在有趣但卻脫節的古代歷史中的道德準則而已。這兩種信仰（譯按：指基督教與猶太教而言）主要的分別在於以色列的盼望怎樣實現。根據新約，只有基督才能爲這指定的目標帶來希望。相反地，猶太教卻不認拿撒勒人耶穌爲所等候的彌賽亞，而從其他方面入手。

第三，救贖歷史**是需要被詮釋的**。茲因我們徹頭徹尾最關注的是聖經神學，故打算按聖經神學所要求的方法來研究：

a. 我們先從新約入手，因爲可以在其中認識到福音的基督，而我們因信靠祂得以作爲神的兒女。

b. 新約會引導人回顧舊約，因爲它處處都以舊約爲福音的基礎。

c. 新約幫助我們明白舊約所包括的應許和盼望，皆在基督裏實現。因此，這可幫助人關注那指向福音書基督的舊約「動態」、進程和活動。因着新約顯示出舊約因未有基督而欠缺完整，故我們必須在舊約的目標裏

（即基督裏）來明白舊約。耶穌是了解舊約和新約的不二法門。

## 在今天應用經文

這是十分有趣的，因它開闢了我們應用聖經經文的道路。聖經神學指示我們連繫經文與現代基督徒之間鴻溝的一座橋。在這裏，現在要勾畫出將經文帶到我們時代的三個階段。

**圖四　經文與聽眾間之橋梁**

| 解經（經文的解釋）↑ | 釋經學（藉着聖經神學解釋經文）→ | 講道法（對聽眾應用經文）↓ |
|---|---|---|
| 原文 | | 現代聽衆 |

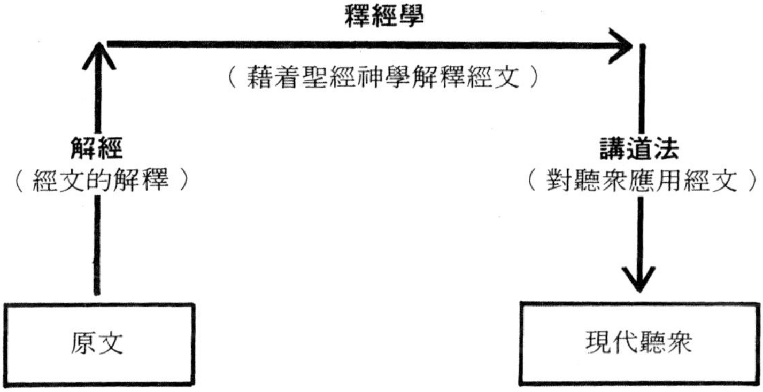

a　解經

這名詞乃指探索經文原來意思的工夫。在指出聖經任何部分與我們有關之前，我們必須先了解它的作者本想向其讀者說甚麼。

b　釋經學

釋經或解釋的過程，乃顯示古代聖經經文怎樣與此時此地有關。本書主要集中在這階段，並嘗試指出詮釋怎樣建基在聖經的啓示結構上。

c　應用

經文的普遍性應用轉化為讀者或聽衆生活中的特殊應用。講道學（講道）乃講者將經文原來意思（釋經）、透過它一般的基督教解釋（釋經學）、而向會衆具體講解的一種應用方法。

## 研習問題

1. 聖經神學的意思是甚麼？它與教義神學有甚麼分別？
2. 漸進啓示的意思是甚麼？
3. 使徒行傳七章1至53節怎樣勾畫出救贖歷史？

# 5 約與神的國度

## 約

人類是按着神的形象而被造的，所以有別於其他動物。人並不是一連串進化過程的結局，因他在本質上與動物有分別。人被造爲的是要與神相交和管理其餘被造物。故此，人和神之間有着獨特的關係。然而，不要忽略人與動物相似的地方——人頂多是被造物，要全然倚靠創造主。譬如，神禁止亞當吃分辨善惡樹上果子的話語，表明了一個事實，人，被造物，因其被造的本質而有限制。創造者定出一些眞正的限制，這顯出神絕對主權的統治權。然而，這一位主是善良的，祂把人放在規範和祝福的關係裏。神乃帝王，人乃子民，而這一切發生在世上最美好的地方——伊甸樂園。

### 問題的核心

人的罪就是試圖擺脫其被造的身分，脫離神（創造主）而獨立。隨之而來的審判使人與神的關係決裂。因墮落的人類住在其中，這世界成為一個墮落的世界（參羅八 19 ～ 20 ）。然而，就算是墮落的被造物，人仍反映神的榮耀（詩十九 1 ；羅一 20 ），所以人仍反映神形象的一些特質。神憐憫的某一方面就是，祂對墮落的人類顯出一種恩慈的態度。縱然在墮落中，神的恩典仍容許這世界繼續運作，保守人類可以生活和繁殖的秩序。

神的恩典並不單只在如常運作的宇宙中之「普通恩典」中顯出來，更在救贖人類成為神子民的宣告中明顯可見。這是一種曾在伊甸園出現過的人神關係，提供了神對其新子民心意的指示。

## 與亞伯拉罕立約

暫時按下人類墮落，與希伯來民族起源之間的啓示等問題不談（創四～十一章），我們現在要探討一下記在創世記十二章及接着的篇幅中，亞伯拉罕的蒙召和神對他的應許，因這是聖經中心主題之一。上述的承諾形式稱為**約**，它必定是雙方共同達成的協議。然而，這並不像人類之間平等互利的約，而是神恩慈的行動所頒發的高貴的約，可是這約曾受極大的冒犯，並被罪破壞。在某方面來說，約包含了接受者必須同意的各項條件。但是，總的來說，我們應視此約為一種**恩典**——不應得的賞賜。神對亞伯拉罕的應許包括：

a．他的後裔成為一族，

b．他們要居住的土地，

c．他們成為神的子民，與神保持關係。

這種約的關係乃在於神的子民這稱謂上。以後每一個描述這關係的字句都源於這約。這個對以色列先祖（亞伯拉罕、以撒，和雅各）的應許，成為了聖經中所有屬神子民關係的基礎。甚至在新約中，那些因信而得着福音的人（加三29），也成爲了亞伯拉罕的後裔。凡基督徒都是亞伯拉罕的兒女！我們往後會探討舊約中演繹這約的不同情況。

## 神的國

我們要了解約，就必須驗證它的內容及名詞。約的內容，正如救贖的目標一樣，就是神的國，因約與我們被救贖而成爲神兒女一事有關。神的國是甚麼呢？新約講及許多「天國」的事情，但我們最好以統治者與子民的關係來理解。換言之，有一**統治**的帝王及一羣**被統治**的子民，加上一處**承認**這統治的地方。用另一種方式來說，神的國包括：

a. 神的子民

b. 在神的地方

c. 在神的統治之下。

根據這基本的分析，「神的國」這名詞是否在舊約出現便不成問題，因全本聖經都蘊含了這根本的觀念。

我們首先看到神的國在伊甸園中。那裏，亞當和夏娃曾甘心順服神的話和神的管治。在這處，天國被人的罪破壞了——所以聖經的其餘部分乃談及人怎樣恢復神完美管治下子民的身分。

在聖經中，另有許多處描述神的國。

## 對亞伯拉罕的應許

這事件記載在創世記十二章1至3節。神應許列祖，在祂的權柄（神的管治）下，他們的後裔（神的子民）會得到應許地（神的地方），而成爲神的子民。神的子民所經歷的這歷史過程，是以神救贖的形式出現的。神拯救以色列民脫離埃及為奴之地時，救贖了他們。

## 王國

在王國時期，南北國的聯合孕育了以色列的「黃金時代」。大衛和所羅門在政治、經濟和宗教上的成就，把神對亞伯拉罕的應許成為可見的事物。雖然這個王國並不完美，但卻能展示天國的元素。所以一個模式浮現了：神國的啓示始於對亞伯拉罕基本的應許，繼而藉着救贖的歷程（出埃及），達到應驗的高峯（王國）。而在這最後的階段，有些事情是原本的應許所沒有提及的（如錫安城、聖殿和大衛的王權）。

## 先知的國度

所羅門王朝失敗了，這說明了一直是明顯的事實——由亞伯拉罕至所羅門這段歷史過程，經常虧缺了神國度的榮耀，縱然這段歷史顯出了那國度的本質。面對以色列犯罪招致的審判時（國家滅亡是高峯），先知重申國度的應許將來會以某種型態實現。

從巴比倫的被擄歸回，並沒有實現衆先知如以賽亞、耶利米和以西結所預言的國度。被擄後的先知如哈該、撒迦利亞和瑪拉基繼續引導以色列人，從現實的歷史轉眼於那完全的、永恆的國度顯現的未來偉大日子。舊約在應許和盼望中終結。兩約期間，猶太人進入了近乎四百年的先知沈寂期，應許仍沒有實現。在這段日子，猶太人發展了一些解決方案。其中最著名的是法利賽人，他們尋求按字面的意思回到以色列王國時代，並從所有外來的壓逼中得以自由。

## 福音的國度

耶穌宣稱：「日期滿了，神的國近了。」（可一14）因此祂提出福音跡近天國。新約闡釋福音時，說天國只是「近了」而尚未應驗。耶穌無疑實現了這應許，然而，事實上，神的國在這階段只能藉着信心領受。新約多處都描述天國將來的完成，那時神的子民知曉一切，但現在我們只能憑信心去接受。基督第二次降臨時，神的衆聖徒會與祂一同顯現，這永恆的國度便會揭曉（西三4）。

**圖五　聖經中「天國」的啓示**（請參閱圖八）

天國的模式**建立了** ———— **伊甸園**

---

**墮落**

---

救贖的作爲：挪亞

天國的**應許** ———— **亞伯拉罕**
救贖的作爲：出埃及

天國的**預兆** ———— **大衛—所羅門**
救贖的作爲：
先知性的救恩應許

天國的**臨近** ———— **耶穌基督**
救贖的作爲：祂的生平、死亡和復活

天國的**完成** ———— **基督再來**

現在一切已清楚了，爲甚麼救贖歷史並不單是一個天國的眞理的漸進啓示或曙光初露，而是天國的一連串階段及其進路的反映。每一階段都表達出它的主要內涵，而每個接連的階段建立在前者上，直至福音完全成就爲止。冒着過分簡化的危險，我們嘗試把神的國整理成下列幾「組」啓示：

a. 天國在伊甸園中彰顯

b. 天國在以色列歷史中彰顯（亞伯拉罕至所羅門）

c. 天國在先知預言中彰顯（以利亞至施洗約翰）

d. 天國在基督裏彰顯（新約時代至基督再來）

我們現在應該更仔細地探討這些彰顯的階段，或啓示的組合怎樣產生關係，所得的結論會影響我們解釋舊約的方法，和我們理解它們對今天基督徒的適切性。

## 研習問題

1. 神的國是甚麼？
2. 你認爲救恩是甚麼？
3. 在創世記十二章及撒母耳記下七章中，神的國這主題怎樣與約拉上關係？

# 6 伊甸園中顯示的天國

## 創造

創造不應被視爲一個聖經的「故事」。神是創造者而人是被祂所造的事實，正是理解神的國這基礎的開頭。我們談到神的**主權**時，所指的是祂的王權，那是絕對和不讓步的王權。創造物因其本質而被規限在神完美法規的範疇之內。神藉着祂話語的能力造出萬物（彼後三5），顯示出祂作爲創造主，有統管萬物的權力。惟有在神管治的範疇之內，創造物才能完美地生活。

神的創造告知我們**神的**眞實就是一切，**神的**眞理就是一切。在神的話和意旨以外，別無他物。故此，人可以由創造的意義寫出許多，以基督徒的角度來看教育、政治、經濟、家庭生活、道德價值或科學研究的書。若我們相信神是創造者，就不會將世界割裂爲屬靈和屬世兩部分。所有事物都靠賴神創造性的話語而存活的事實表示，神的話語必然是用來判斷人的對錯。因此，創造是基督教聖經權威的教義的根基。十九世紀傳道人司布真對聖經權威的評語（「為聖經辯護？我寧願為獅子辯護！」）既出色又恰當。然而，我們同樣需要記着神的話語與人類（這個創造物）理解眞象的能力兩者之間的關係——人不可能拿一個袋裝閃光燈照射太陽去證明太陽是眞的！[1] 人類自我中心的理由的微弱亮光，並不可能完全盛載神話語的眞理。我們應按神話語創造的事物去解釋那些事物。

## 人擁有神的形象

甚麼是「我們的形象」（創一 26）？神按祂的形象造人，並賦予人管理各樣創造物的權柄（創一 26f）。有學者認為這種人的管治（在創造中他的**管理功能**）就是神的「形象」。其他的則指出按神形象被造的人包括了男性和女性，因此，「形象」可能指**男與女的關係**而言，特別是在丈夫和妻子性的聯合上完全流露出來（創二 24）。假如這階段聖經並沒有清楚界定人裏面的神的形象，聖經會稍後指耶穌基督為神眞正的形象。這階段要注意的基本重點是：(i)人是獨一無二的，因他是創造的巔峯，並有神的形象；(ii)人這個創造物全賴神而存活。

## 伊甸園——花園天國

創造談及帝王，而伊甸園則論及神的國。在前一章我們已知道神的國（新約的名詞）完全是一個聖經觀念——天國的概念支配了全本聖經的內容。這模式是從伊甸園開始建立的。在那裏我們見到神的子民（無罪時候的亞當和夏娃）、樂園（神為祂的子民所預備的最完美環境），及祂話語所展示的統治。神是滿有權能的王，定下了自由的界限：「園中各樣樹上的果子，你可以隨意吃，只是分別善惡樹上的果子，你不可吃。」（創二16～17）因爲這是天國，王不會受到子民的挑戰。若創造物試圖篡奪創造者的位分，而拒絕祂的法則：「因爲你吃的日子必定死。」（創二17）創造者與創造物、統治者與子民之間完美的關係就不可能存在了。

伊甸園的敍述並沒有告訴我們神的國的每一件事，它卻提供了理解天國本質的主要架構：

神的子民（亞當和夏娃）

在神的地方（伊甸園）

接受神的管治（神的話語）

這模式正是神在所有行動中的目標，且一次又一次地出現。正如它在創造時一樣，它也會在救贖過程之中，帶來新的創造。反叛的亞當沒有分兒的那棵生命樹，在啓示錄二十二章新耶路撒冷的描述中出現（比較創三22f與啓二十二2）；或在啓示錄二章7節，約翰對聖徒得勝的預言中出現（「得勝的，我必將神樂園中生命樹的果子賜給他吃。」），都不是偶然的。

## 人的墮落

正如創造一樣，墮落的意義和結果是容易了解的。如果神的創造萬分重要，那麼，因着人單方面宣告獨立，墮落更是一件非常嚴重的事。蛇的試探直截了當：「神豈是眞說……？」這起初對神權威的質疑，帶來了對眞理的否認：「你們不一定死。」（創三1～4）結果是亞當夏娃拒絕神的法則，且在其辯護的行動中，顯出他們是頗傲慢和獨立的。

神不可能一面忠於自己，一面又忍受創造物的罷免。故此，審判便是徹底的、無可避免的了。神說：

「你吃的日子必定死。」而人眞的死了。雖然肉體死亡的自然跡象不是即時的，但這並沒有抹殺人類死亡的事實。死的人是罪人，就是那些拒絕神國的人。死人是伊甸園外的人。

## 神的主權與神的國

我們在這裏要分辨神絕對的主權和神的國。人，甚至是魔鬼，無論他們怎樣力拒神統治的權能，也不能逃避它。最後，所有反叛者都要被逼臣服於神的統治之下。但按聖經所啓示的，神的國是神統治的範圍，在那裏，祂的創造物甘願服從祂公義的法則。神統治的法則是宇宙性的，但神的國卻不是。既然有天堂，當然就有地獄；有黑暗的世界，也就有光明的天國。

在現階段，雖然新約的內容擴闊了死亡的意義，暫且沒有需要用新約的內容，來補充創世記中人類墮落時死亡的記載。聖經會詳細說明創世記所提供的架構。在人類的墮落中，兩個矛盾的因素——神公義的審判與神那難以相信的恩典，是不能分割的。

## 審判

首先，審判包含了神與人之間關係的破裂。這可從人被逐出伊甸園一幕清楚看見。再者，這也是男女間關係的破裂，以致男女完美的和諧變成敵視和控訴（創三12、16）。此外，這是人與環境間關係的破裂，因爲物質的世界不再受人的管治（創三17～19）。「破裂」一詞並不是意圖減弱死亡這懲罰的嚴重性。在天國之外的人不單只在死亡的懲罰下，他實在是死的。死亡的眞義是指人與天國美好的關係割裂。自主的人是否認神的，所以他同時也是否認生命的，墮落的人在屬靈上是死亡的。在伊甸園外，別無他途。人選擇了叛逆，所以被其抉擇所束縛。亞當的後裔也無選擇可言，亞當在伊甸王國的墮落，代表了全人類的墮落。所有人都在這園外出生，所以每個人都天生反叛，妄求離開神而自主和獨立。人類歷史和聖經都顯示出，人死亡的狀態乃是指人絕對地選擇憎恨神，而這正是他「在伊甸之外」的本性。選擇對與錯已不再是人類的問題，因人類只得一種自由——作一個憎恨神的罪人（參羅三9～18，八6～8）。人已成爲罪的奴隸——死的奴僕。

## 恩典

恩典是神對反叛的罪人顯出憐憫的態度。這恩典本是他們不配得的，甚至與他們配得的截然相反。神這種態度不是一樣抽象的事情，反而是我們藉着神救贖的作爲而知曉。創世記三章這難以置信的故事是關乎審判和恩典的。從開始，神並不想消滅人，縱使祂本可以因亞當犯罪而堂堂正正地這樣做。神保存了人類，而繼續與人交談的鐵證，便是祂恩典的標誌了。

我們也可在蛇的審判中看到恩典。神是公義的，說謊之父應得到牠終極的報應。創世記三章15節一直被認爲是恩典的話，即**最初的福音**（proto－evangel，也就是福音第一處的參考）。它應許「女人的後裔」能眞正改正錯過。蛇因引人墮落，罪無可恕；人同樣罪無可恕，因他甘願受引誘。恩典竟在罪無可恕的人面前施行。

我們可在社會維持運作的情況中看到恩典。在人裏面，神的形象並沒有消失殆盡，因此人仍擁有其他創造物所無的尊嚴。雖然男女關係已破壞了，但人類繼續發展這關係，並且繁殖後代。因着受人的管治，及面對人類管治的衝擊，這世界註定與世人一起墮落。在伊甸園之外的世界是墮落的，因人不可能在一個不墮落的世界中生存。「受造之物服在虛空之下，不是自己願意，乃是因那叫他如此的。」（羅八20）

## 人類的兩大路線

創世記四至十一章的精簡故事涉及一段很長的日子。循着聖經神學的方法，我們看看這幾章的重點，從而找出其整體的信息。這是墮落的世界中墮落的人的第

圖六　人類的兩大路線

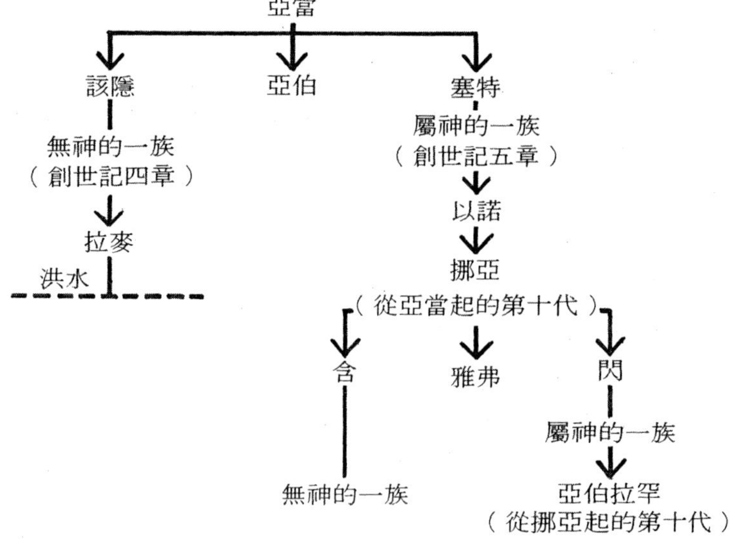

一段歷史，也是用神學立場來記敍的例子。人類的兩大路線，分別由亞當和夏娃兩個兒子該隱和亞伯作爲代表。聖經中多次使用家譜，故不應太快忽略它，以爲它與屬靈意義無關或乏味。圖六表達了創世記四至十一章的家譜結構。

該隱和亞伯的記載描述了人墮落的一個結果——敵視與兇殺。記載跟着便轉到該隱無神後裔的家譜，主要是提及他們發展城市、工業，以拉麥的惡行作爲最後的高潮（創四 17～24）。創世記六章再次强調無神一族，因爲神宣告毀滅人類（7節）。當然，這無神路線便在洪水中消失了。

期間，屬神一族從塞特開始，他代替了被謀殺的兄長（創四 25）。這一條路線有兩位榜樣：以諾與神同行，挪亞在神的眼中蒙恩。挪亞和他的家庭蒙救贖，完全是神恩惠的作爲，這也帶來一個新的開始。

然而，人類跟着又再次分裂，無神一族以含爲主要代表，而閃是屬神一族的祖先（創十一 10～26）。在屬神的一族那邊，亞當到挪亞共有十代，而挪亞到亞伯蘭又有十代。這顯然不是偶然的。其實，整個的歷史都是朝一個目標進發，而我們會察看亞伯蘭的意義來說明這點。

我們此刻可以說，救贖的基礎已建立了。人這反叛者死在罪惡過犯當中（弗二 1），但仍是神的應許和恩典的對象。神的恩典在拯救挪亞，並延續屬神一族這路線上顯明出來。我們有充分證據顯示，神極願與這新的一族建立關係；也有證據顯示神的國會介入墮落世界中，藉以表達祂救贖的憐憫。人類終於可以膽敢期望再次見到天國，那是由神的子民組成的，並在神的地方接受神的管治。

## 研習問題

1. 神的國怎樣在伊甸園顯出來？
2. 伊甸園的事件及其後果怎樣顯出恩典的意義？
3. 保羅怎樣在羅馬書五章和哥林多前書十五章 20 至 26 節中，把亞當的歷史與基督相連起來？

## 註解

[1] 對人理性的正常功能的討論，可參閱 C. van Til, *Apologetics*（美國費城威斯敏特神學院，未出版的課程，無日期，頁 67）。

# 7 以色列歷史顯示的天國

我們已曉得在伊甸園中的天國模式。在本章，我們會勾畫出以色列從亞伯拉罕到被擄至巴比倫期間的歷史，這段時期超過一千年。這裏不會複述歷史的事件（這些事件在任何聖經字典或手册中俯拾即是），而是發掘整段歷史的結構——找出所有事件間有目標的關連。作爲基督徒，我們都明白以色列歷史並不是偶然發生的，也不是一連串隨機的意外事件；誠如**所有**歷史一樣，它被神的目的所支配。以色列歷史獨一無二的特色，在於其救恩的啓示和救恩的途徑兩方面。因爲神是主人，而救贖是與救罪人進神的國有關的，所以同一個國度就會在「救贖歷史」中反映出來。

## 亞伯拉罕和列祖——應許的天國

有關亞伯拉罕歷史最重要的事，是神的約的應許。整段記載（創十二～十四章）都是以應許爲主，其中又分爲三方面：

a．亞伯拉罕的後裔要成爲大國（創十二2，十三16，十五5，十六10，十八18）。

b．這些後裔會得着應許之地（創十二7，十三14～15，十五18～21，十七8）。

c．這些後裔會成爲神自己的子民（創十七2及7～8，十八19）[1]。

我們也應注意第四個元素，就是神對那些非亞伯拉罕肉身後裔的恩惠應許（參創十二3，十七4～6；比較羅四16～18）。

這立約的應許若非神的國的應許，則又是甚麼呢？這應許肯定是以地區性和屬地的形式出現。神委實應許亞伯拉罕的後代爲祂的子民，在祂的地方被祂統治，所以應從這角度去了解亞伯拉罕的所有事蹟。故事中有一很重要的元素，就是亞伯拉罕得着應許，卻未得到應許的實質，因而產生張力。他必須憑信心接受神的話，而同時間，所有平常的事件都似乎與應許的實現有衝突。就算是亞伯拉罕，也必須首先以信心來接受神的國（創十五6）[2]。

亞伯拉罕得到後裔及土地的應許後，看着他貪心的姪兒——羅得——佔有那塊最好的草原（創十三8～11）。然而，神仍保守了對亞伯拉罕的應許（14～17節）[3]！至於有關後裔的應許，兩位老人家實在是難於接受的（創十五15），而夏甲和以實瑪利的事件，顯示出亞伯拉罕和撒拉都面對壓力。他們肉身所生的兒子——以撒——終於成爲繼承人（創十五4，十七19、21，十八10）。當以撒誕生，他們都鬆了一口氣，他眞正是應許之子。這樣，爲甚麼又要獻這幼子爲祭呢（創二十二1～2）？這表明亞伯拉罕不但在一般事情上順服神，更在特定的應許上相信神，儘管這次獻祭，明顯地與這些應許的實現有衝突。然而，當他信心堅定，就再次得到應許的保證（15～18節）。撒拉死後，亞伯拉罕不得不討價還價，才買回他本來的繼承地，作爲她的墳地（創二十三章）！

以撒的兒子，以掃和雅各，成爲神主權選擇的對象，因爲年幼的（再次是不尋常的選擇）代替年長的被選爲約的延續者（創二十五19～23）。雅各其實並不是一個好人——其實很壞。神並不是由於預知他有好表現而選上他（與羅九10～13比較）。然而，雅各因着神的恩典而悔改，並成爲聖約子民的祖先。因此，神的國藉着雅各的後裔而展示出來。

餘下來的先祖歷史[4]帶我們與約瑟及其兄弟到了埃及，這時期揭開了救贖歷史另一章。我們同樣可以藉着約的應許了解，亞伯拉罕後裔爲着本身幸福而被逼去到埃及的事實，甚至在他們變成大族時（使埃及王十分震驚），應許地仍是遙不可及的。

## 摩西和出埃及——應許的活現

### 出埃及

「有不認識約瑟的新王起來，治理埃及。」（出一8）突然間，一度受厚待的以色列的兒子（雅各），不再成爲肥沃的尼羅河三角洲的受歡迎客人。寄居的變成被俘的，特權變成奴役。立約的應許更遙不可期，因爲百姓不單只搬離了應許地，更成爲殘暴王期的階下囚。接受應許的經驗似乎再與應許本身有衝突。不過，從正面的角度看，我們開始能將幾塊砌圖的紙塊拼起來。神爲甚麼還不實現應許呢？只有一個答案，那就是信心，但信心並不與幻象和一廂情願混爲一談。這些應許若不是一個殘忍的騙局的話，它們必定是奠基於一個事實，並且應是可以實現的。

在這階段，我們只能看到神總有理由這樣營造張力。到底埃及的經驗對應許有甚麼意義呢？出埃及記能提供答案。出埃及記以摩西的誕生、生命得保存和裝備的故事作始。這些事不但爲孩童提供喜愛的教導材料，還常常受到歪曲。在出埃及記二章23至25節，神宣示了祂的目的，摩西會成爲神對列祖所起的應許的中間人，而摩西在荊棘叢中的經歷，必須與上述事實混爲一談。請注意差遣摩西作以色列領袖的神怎樣強調祂的身分；祂是亞伯拉罕、以撒和雅各的神（出二24，三6、13、15及16，四5，六2～5）。

以色列的神就是那位與亞伯拉罕立約、並且守約的神，神的專有名字已使這成爲事實[5]。大部分英文聖經譯本都把這神聖的名字譯爲「**主**」，每當你讀舊約，遇上那代表神的名的「**主**」字時，你便會聯想到這是祂獨有的名，而不只是一個稱號那末簡單——它表達了神在救贖子民行動中所彰顯的屬性。行動與名字的含意經常是有關的：我要以你們爲我的百姓……你們要知道我是耶和華（**主**）你們的神（出六7；比較七5）。

以色列雖無明顯過犯，卻在遠離迦南的埃及被囚。現在，神按祂約的基礎採取行動，釋放雅各的子孫。可惜法老這殘忍的暴君不肯讓百姓離去。神藉着祂的僕人摩西，行出一連串的奇蹟異事，逼使法老釋放以色列人。每一項摧毀性的天災都顯示出，耶和華的大能勝過埃及和她的神祇。最後一災與救贖有關，那是以色列銘記於心的。當神宣告在埃及裏所有頭生的都要死亡，神對信靠祂的以色列人提供一條生路：獻上一隻羊羔爲祭，並將血灑在門框上，便能使死亡使者越門而去。在逾越節，以色列人長子的蒙救贖，與逃離埃及結合在一起，故救贖擴展至全以色列。這最後的一災終於逼使法老讓百姓離去。到了這地步，他的心仍剛硬，並當下生出惡念，要追殺那些逃亡者，直到紅海[6]。

離開埃及之路線，最自然的是由尼羅河三角洲，經過沿岸被人踩過的硬泥地而前往迦南，但神卻不引領他們走這路（出十三 17），而引領他們經過曠野到達岸邊。這好比走進一個死胡同。然而，神的目的仍是顯然易見的；祂既已勝過法老鐵石心腸一關，現在也會跨越紅海這難關。以色列能離開埃及不是靠平坦大路，乃是靠神大能的手——救贖本身就是一個只有神才能成就的神蹟（出六 6b，十三 9～16），就算是埃及的術士，都能認定神的手在動工哩（出八 19）。

現在我們可以回答上面提出的問題：爲甚麼神不實踐應許呢？祂帶以色列人到埃及，而先祖一直未能獲得應許地，皆因神要展示進入祂國度的途徑。這涉及一個神蹟性的救贖，使我們從一個爲奴、被放逐的國度中回歸；只有神蹟才能將我們帶回神的國度裏。至今出埃及成爲了理解以色列生命史中救贖的主要模式，和提醒神的子民感謝拯救的神（參出二十 2；申六 20～25，二十六 5～10；書二十四 6～13；尼九 6～12；詩七十八，一〇五，一〇六，一一四，一三五及一三六篇）。

## 西乃的約

逃出生天的以色列人來到西乃，而摩西使命的另一偉大處即將出現——頒布律法。因這要點比較混亂，我們必要努力認清律法的目的。部分起因是因着誤解新約對律法的態度所致的。因爲保羅曾對基督徒說：「你們不在律法之下，乃在恩典之下。」（羅六 14）而且，因他强調稱義是「在律法以外」的（羅三21）。這樣，便很容易誤以爲福音不單不理會律法，甚至推翻了它哩。我想對許多基督徒有以下的批評是中肯的，他們以爲神在西乃賜給以色列的律法，只是一些指向救恩的工作程序。以色列歷史完全顯示出以色列完全無法達到既定的標準。因此，神在絕望之餘，提出A計劃（藉着行律法而拯救）；而設下B緊急計劃（福音），所以舊約主要是A計劃失敗的記錄，而它與新約卻幾乎沒有正面的關連。

爲了正確判別西乃的律法，我們必須小心察驗舊約和新約的處理手法。我們必須注意新約正面肯定律法的聲明，並了解它反面陳述律法的因由。如果我們知道新約貶低律法，不是因爲律法本身，而是因爲以色列人歪曲及濫用律法，同樣就可以正確了解舊約中律法的正確意義和用途。

首先，在西乃一事背後有兩大支柱，一是出埃及一事，另一是與亞伯拉罕的立約。若出埃及事件意味着從奴役中得自由，那麼，律法明顯地就斷不會是發自西乃的另一種奴役形式。神不變的旨意促使我們按祂使百姓歸向自己的恩典基礎，去看神在西乃的旨意。亞伯拉罕的蒙召與立約都是恩典的作爲。亞伯拉罕的後裔蒙應許藉着恩典而得國度。神因着對亞伯拉罕的應許而在埃及施行大能的作爲（出二23～25）。出埃及事件成爲藉着恩典救贖的一個模式，在應許地實現對亞伯拉罕的應許乃是其目標。若說神必須打破救恩是本乎恩典的定規，而在期間（埃及與迦南之間）不履行對亞伯拉罕的應許，使百姓陷於靠行爲得救恩的挫敗中，未免是太過不可思議了！出埃及記的記載絕不會這樣違背神向來的原則。在這情況下，惟一對西乃律法的合理理解就是，它是神實現對亞伯拉罕應許的部分內涵。根本就沒有拋棄甚麼A計劃，而那是神從開始便有的一個單獨完備計劃的部分。

律法的中心是十誡（出二十章），其序中有一句重要的話：「我是耶和華你的神，曾將你從埃及地爲奴之家領出來。」這句話引導我們認識西乃的律法，神宣告祂是這民族的神，祂已拯救了他們。他們既已靠着恩典而得救，絕不需接着再用別的方法找尋救恩。他們因着恩典而成爲神的子民之後，律法才賜給他們。西乃事件是建基在神與亞伯拉罕所立的約上，並且是它的詮釋。在西乃，神向百姓說明神的子民是怎樣的。除非神告知他們，否則他們不會知道怎樣恆久地過與蒙召相稱的生活。那些祂所告知他們的事必在不同層面中反映出祂的屬性。他們對祂屬性的忠誠回應顯出他們是祂的孩子。律法進一步闡明神早已在祂與他們列祖的交往，及祂在埃及的作爲中彰顯出祂的屬性（出六6～8）[7]。

基於對西乃的約的認識，有關道德方面的要求就更易理解。但爲甚麼有那些例行儀式細節及許多律法是談及潔淨與不潔淨的（尤其是食物方面）。知道在出埃及記和利未記中所記載的規定是有用的。不過，個別的觀點不應與整個立約的上文下理分割。西乃立約的總結已歸納在這句偉大的宣言中：「我是你們的神，你們是我的子民。」[8]它也詳細解釋了神屬性的要求；「你們要聖潔，因爲我耶和華你們的神是聖潔的。」（利十九2）事實上，許多的規則是源自神的國初步啓示的本質，並沒有直接觸及神的道德屬性。有些律法必定會涉及以色列國民的生活，因爲那就是他們的情況。其他例行禮儀的要求要待日後實現而顯出整全的意義。一些明顯無意義的食物條例，在西乃之約的內容中得着意義[9]。它們在某方面教導作爲聖潔子民的百姓，既擁有獨特的關係，就應**脫離**其他所有效忠對象，**歸向**耶和華。

建造會幕的細節（出二十五，三十一章）必須以會幕整體的目的來看，而不應按它們本身來解釋。這些細節第二方面清楚表達出，以色列不能沒有神的啓示而自作主張。我們所謂「崇拜象徵性的幫助」必要合乎既定模式，不然，人的心思便會造出一些不是反映神屬性、而只是人心敗壞傾向的事物。因此，神禁止以色列在敬拜中使用可見的輔助材料，甚或是神的形象或畫像。人若不拜偶像，就不會製造神的像。會幕只是神居所的表達（出二十九45），此乃神住在祂子民當中的象徵。然而，另一方面，進入「至聖所」通道的障礙，表示罪人只能間接地藉着祭司爲中保，和他們罪的代贖性祭品與神聯繫。

違背律法帶來嚴厲的刑罰，最嚴重的是死亡或被流放。以色列國必定要信守律法，同時也會享受神的恩福。這事實（參看申二十八章）或會被誤解，以爲救贖的福分是遵守律法的酬報。然而，新約的情況也是這樣。絕無任何新約教訓改變靠恩典得救恩的原則（如林前六9～10及十6～12；弗四1；來十二12～17；雅一26～27；約壹三14～15）。在新舊約，這原則都有效，神的子民應顯出與他們蒙召相稱的聖潔。我們故意蔑視這原則時，就明顯表示自己不是神的子民[10]。兩約對聖潔同樣的要求源於神救贖的創舉。其實西乃之約還有許多可探討之處，我們就在上述這些意義和目的的分析後停下來吧。

## 進入與定居

民數記講述了在西乃事件與進入應許地之間的事

情。它展現一幅甚爲灰暗的圖畫。以色列雖身處出埃及蒙救贖經驗的巔峯，並有西乃約下屬神子民的身分，卻反叛與忘恩負義。埋怨迅即成爲這逃亡民族的行爲樣式（如出十六～十八章）。西乃之後，以色列民要求脫離神獨立，拒絕到應許之地（民十三～十四章）。四十年的曠野流浪，除掉了出埃及的那一代，只讓他們的下一代進入並獲得那地。

在進入之前，摩西指出約與擁有應許地的期待之間的關係，接着便將領導權交予約書亞。正如申命記一名所意味，這「第二律法」再次强調神施恩予祂的子民，實現對亞伯拉罕的應許。這樣的恩典與以色列在曠野的反叛形成尖銳的對比。我們會十分希奇爲甚麼神在沒有回應下，仍然這樣向以色列顯出祂的慈愛。當然，這是與另一問題相似，就是神爲甚麼仍對今天墮落的人類滿有恩慈？以色列的反叛是舊約中反覆出現的主題，然而，神在羣衆中拯救那些忠信的子民時，也顯出祂循環不息的愛。事實上，從救贖歷史的開始，餘數已經是一個重要的主題[11]。在這些反叛中，有一個事實是不容否認的，就是神經常拯救那些忠信的餘數。

申命記之所以是一本重要的書，正因它强調了律法與恩典的關係。首四章談及從西乃到預備進入迦南之間的救贖歷史。這救恩歷史是從以色列不信、與神不斷施恩的觀點來詮釋的。沒有其他經文比申命記六章 20 至 25 節更能表達出律法與恩典的關係。孩子問：「律法的意思是甚麼？它是關於甚麼的呢？」而答案是以「福音」的觀點來演繹的，即神在歷史中拯救子民這觀點[12]。神是否因以色列應得而這樣做呢？申命記肯定地回答：「不是」。神「因祂愛便愛」是申命記七章 7 至 8 節的邏輯。以色列得到迦南，並非是她值得及配得的，而是迦南應受審判而已（申九4～6）。而這些事的背後都有神對亞伯拉罕的應許，雖然以色列反叛，但神仍是信實的（申七8和九5）。

約書亞記接着申命記寫下約書亞——摩西的繼承人——帶領以色列進入應許地的歷史。讀者不能忽略神對以色列的作爲這重點。神在以色列人出埃及時施展的偉大作爲延續下去，因爲百姓未能得到那產業，救贖就未完成。神蹟再一次出現，使百姓能在乾地上渡過約但河（書三7～13）。他們不需要在較遠的地方偷偷地繞過耶利哥，而在這個巨大城堡面前過河（書三16）。神會幫助他們爭戰，不單只攻陷耶利哥和艾城，更是征服全地。而此等事件，稍後被記在以色列史中，變成「神大能作爲福音」的一環，與過紅海事件一脈相連（書四21～23）。

故此，約書亞記描述以色列佔據迦南地區許多不同族人地方的過程。雖然他們遇上少許的抗拒和麻煩，但作者的評價是可以接受的：「耶和華將從前向他們列祖起誓所應許的全地賜給以色列人，他們就得了爲業，住在其中。耶和華照着向他們列祖起誓所應許的一切話，使他們四境平安，他們一切仇敵中，沒有一人在他們面前站立得住。耶和華把一切仇敵都交在他們手中。耶和華應許賜福給以色列家的話一句也沒有落空，都應驗了。」（書二十一43～45）再者，在神救贖作爲中，恩典應許的實現並不能與神對以色列約的要求分割。約書亞呼籲百姓要緊記背約的嚴重後果（書二十三14～16）。這書卷在結束時記述了一段感人事蹟，就是約的更新的禮儀，再次强調神爲祂的子民所作的福音（書二十四2～13），及描述神要百姓忠誠順服的要求（14～27節）。

## 邁向王國的進程——士師審判

我們只能精簡地描述這段最詳盡的以色列歷史記載。它涉及到以色列國家史兩世紀以來最重要的發展。士師記所記載的是一段不甚穩定的時期，驟眼一看，這似乎與約書亞記二十一章43至45節所寫下的有矛盾。不過，士師記並不否認神把全地賜予以色列，而是強調以色列支派疏忽，沒有按照指示驅走全部當地人的事實。因着容許少數敵人留在他們中間，他們削弱了自己的地位，爲日後困難的歲月鋪路。

士師記第二章總結出其神學。與敵人交往經常是危險的，那不單只會危害國家安全，更會危害以色列的整全信仰。這兩種情況都危害所立的約。這再次清楚的顯示出，約的整個實現過程是在國家的存在中實行的，且並不是將全人類帶進天國裏。換句話說，以色列的經驗顯示出神動工的方法和國度的情形；然而，作爲子民，以色列仍然犯罪和反叛。我們看不到整個國家都完全和甘願順服神的法規。這事實導致我們明白，以色列國展現了天國的眞理。

所以，我們在士師記二章11至23節找到全書事件的神學詮釋。那些以笏、基甸、參孫和其他士師的英雄事蹟，都是「小型救恩」的故事。每一事件都有相同的循環——以色列人犯罪，在敵人手中受懲罰，以色列悔改和呼求幫助，救星士師將以色列從敵人中解救出來。每一次在士師帥領下的得勝，都是神的救贖作爲，神藉此幫助百姓繼承產業。從我們的角度看，這些救恩的重複記述，似乎破壞了彰顯救恩和國度整體歷史事件的和諧。然而，我們必須認定，自出埃及起，神對各世代所施的慈愛，重複地顯出祂救贖的憐憫。只要專注那些重要事件，及其顯示國度時的神學意義，這時期就不會變成太複雜了。這段動亂的時期可以這一名句來結束：「那時，以色列中沒有王，各人任意而行。」（士二十一25）如果這顯示作者從王國時期回顧這些事件，它也顯示他認爲王國對以色列的穩定和秩序是必須的。

## 撒母耳和掃羅

由於國家分裂的狀況，和士師局部地區性的活動，一個趨向一致和有架構境況的運動漸漸發展。撒母耳身爲先知及士師，在這趨勢中扮演重要角色。他被公認爲先知，且是自摩西以來、從但到別示巴的第一位全國的先知人物（撒上三19～20）[13]。當時的敵人是非利士國。在這極端的威脅中，撒母耳的領導使他進入一個新的政治發展。以色列人看到穩定政府的好處，同時依照鄰國的例子，要求一位君王來統治他們，帶領他們爭戰（撒上八19～20）。

以色列人要求立王的動機完全是錯的，因爲他們是基於政治和軍事的，而非宗教的期望去行（20節）。這項要求被視爲對神管治的拒絕（撒上八7）。不過，這並非表示君王制度不在神的目的之內，也不是說神把君王制度變成百姓的絆腳石。我們必須分辨人所要求的與神心意中的王的差異。若說百姓自尋死路，那就是藉着掃羅而達成的。掃羅是神對以色列人錯誤動機的答案，但是，掃羅同時仍有機會證明自己乃神所膏立的。

其實君王制度在摩西的話中已露出端倪。在申命記十七章14至20節中，我們已看到與西乃的神權統治理想一致的眞正君王模式。這君王基本上要活出律法，且不心高氣傲，高高在上（20節）；他與那些東方專制的國王有別，因他們利用職權擴大個人權力，甚至行使絕對權力，與神權統治背道而馳（16～17節）。撒母耳警告百姓不要愚昧地受暴君管治時，心中已有申命記中君王制度的指標（撒上八10～18）。他太清楚政治的穩定可能帶來極沈重的代價。歷世以來，獨裁者都用嚴刑峻法來統治。

在掃羅統治的初期，他的行爲模式已可見一斑。他滿有英雄戰士的氣質，十足士師一樣（撒上十23～24，十一5～15），可是，他同時有腐敗的劣根性，且拒絕神所按立他的神治崗位（撒上十三13～14，十五10～31）。正如先知那樣，撒母耳仍是神的發言人，對不順服的掃羅發出審判。在整個以色列王朝中，這種先知與君王的關係都貫徹始終，因爲先知乃西乃之約的捍衞者；那約是用來評審以色列人生命表現的。

正面來說，掃羅只是神藉着調停人執行救恩計劃中的、歷史中的一環而已。對大衞來說，掃羅是「神的受膏者」的身分，是十分重要的，甚至掃羅要追殺大衞，大衞也不會報復。雖然掃羅是一位惡績昭彰的君王，他卻能統一及治理以色列，那是自從曠野日子以來從未有過的。我們不應單看掃羅反面的表現，而忽略了他統治的正面意義。舊約的特色是，不論人物和事件是何等的不完全，都是預表那將來的完全（林前十三10）。事實上，應該是如此的，若預表的是完全的，則他們已不單是預表，已成爲實體了。掃羅與在他之前的士師，和在他以後的君王，都是舊約建立的根基部分，爲的是彰顯出調停神律法的拿撒勒人耶穌——人世間最完美的君王。

## 大衞

掃羅的統治時間長短難於確定，而且，在記載中不再有突出的報道。然而，掃羅受到先知撒母耳排斥，與其說那是預告掃羅的死亡，倒不如說是介紹掃羅的繼承者——大衛。「耶和華後悔立他（掃羅）爲以色列的王」（撒上十五 35）是第十六章事件的前言。

撒母耳第二次受命去指派神的受膏者。這次，經文戲劇化地描述選出耶西的幼子爲合神心意的人（撒上十三 14）。因這是早於掃羅死亡之前發生的，所以故事記載了兩人之間的爭鬭，最後以掃羅在基列波一役中自殺身亡作結。從大衛被膏至掃羅死亡這段時期，歷史記述的重點不在掃羅，而是在漸露頭角的統治者大衛身上。

大衛作爲受膏者的第一件重要事件就是，他殺死歌利亞（撒上十七章）。我們在這裏可看到從士師——救主、到君王——救主的過渡情況。受膏者大衛向神百姓的敵人挑戰，並殺了那巨人，正如士師得勝一樣。這是一件救贖作爲，被選的中間人贏得勝利，而一般百姓只作壁上觀，直到他們能夠分享救贖者得勝的成果。這是基督（受膏者）代表祂的子民得勝罪惡和死亡的福音預表。

在掃羅死亡前，掃羅與大衛的關係愈來愈緊張，顯示掃羅極度嫉妒被選立繼承他的人。反之，大衛卻接納掃羅乃受膏者而沈默。縱然被掃羅逼害及亡命曠野，大衛仍堅持不殺害神的受膏者，以免僭越了神的權柄（撒上二十四 4 ～ 6，二十六 8 ～ 11）。那倒霉的亞瑪力人，爲了討好大衛而自稱殺害了逼害大衛的人，最後才明白大衛在這事上的堅定信念（撒下一 14 ～ 16）。這裏可以再次看到一個模式，就是一位尚未就任的君王在獲得平反、提升和榮耀地統治之前，曾受到排斥和受苦。

大衛的統治不斷展示了神治理想和人類罪性的混合情況，這也是救恩歷史的特色。事實上，若不是先知在大衛死後的說法，指出神透過人類王權施行管治，我們很容易懷疑大衛到底是否比掃羅好。當然，大衛的統治帶來政治、經濟和軍事方面全面的富强和穩定景象。縱然如此，我們從撒母耳的事奉中可知道，這情況仍潛伏了罪惡。此外，大衛成爲了姦淫與謀殺者，令神權統治的理想難以提升！

爲了正確認識大衛，我們必須保存約和救恩歷史的架構。大衛最終能驅走非利士入侵應許地的恐懼，也同時徹底根除迦南人的影響；國家的穩定和富裕正是應許的實現。那時，有關立約的總結是：「我要成爲你們的神，你們要成爲我的子民。」

這時，一句新的先知性話語，對大衛的重要性提供了重要的看法。此時，以色列不再遊蕩，百姓得着應許之地，而神顯示同在的象徵是固定的聖殿，而非流動的會幕。結果，所羅門建成聖殿，在此時刻，一重要的提示使人明白「會幕——聖殿」的象徵意義會在神的國中眞正實現。在某一層面上，拿單對大衛的預言（撒下七章）是言之過早的，因爲它預期的先知看法，要到後期先知阿摩司和何西阿時，才完全出現。

在撒母耳記下七章，拿單的預言有以下幾個重點：

a. 大衛願爲神建一居處，但這不是神所吩咐的（5～7節）。

b. 神宣告爲大衛建立居室，只要他使百姓得安靖（8～11節）。

c. 這居所是指大衛後裔的王朝而言的，而大衛的兒子會爲神建殿宇（12～13節）[14]。

d. 大衛的兒子會成爲神子民的代表，而被稱爲神的兒子（14節）[15]。

其實，還有許多大衛統治的事情可以講，但我們必須在這些神學意義之後暫停，而轉向了解大衞的兒子所羅門的重要性。

## 所羅門

首先要注意所羅門的是，他作爲大衞的兒子，即時實現了拿單的預言，這位兒子建造了神的殿宇。不過，我們不單只因所羅門建造聖殿而必須記念他。事實上，他是一個謎，因他既是以色列榮耀的成全者，也是毀滅她的工程師。

在列王紀上一章，有關所羅門統治形式的記載非常清晰。王位的繼承問題在所羅門身上得到解決，而敍述者卻同時提出所羅門兩方面明顯有衝突的行爲。首先，他與埃及王的通婚（王上三 1），這是記載在十一章 1 至 13 節他開始離棄神的原因。其次，我們知道所羅門希望有智慧——一個得着神稱譽的祈求。

所羅門的智慧與他王國的輝煌是攜手並進的，兩者都促使國家富裕和穩定：「所羅門在世的日子，從但到別是巴的猶大人和以色列人，都在自己的葡萄樹下和無花果樹下，安然居住。」（王上四 25）在此，作者總結了情況，提出所羅門統治下的富裕顯示神對亞伯拉罕應許的實現。百姓已在應許地，生活安定，土地像伊甸園般生出纍纍果實。

所羅門的智慧起初看來是令人希奇的。「神賜給所羅門極大的智慧聰明和廣大的心，如同海沙不可測量。所羅門的智慧超過東方人和埃及人的一切智慧。」（王上四 29 ～ 30）。顯然，所羅門的智慧是一種可以與外邦人比較的智慧。經文描述其他地方的「智者」都來聽他的話（四 34），甚至腓尼基王希蘭來對他阿諛諂媚（五 7），及示巴女王來試驗所羅門（十 1 ～ 15）。

我們從箴言書得知，「智慧」被視作與複雜的日常生活，及人類眞實世界的經驗有關。這就自然成為所有人類，包括以色列人和外邦人所關切的事。也許這是所羅門屬世的智慧（參王上四32～33），這可能會使一個聰明人脫離了「敬畏神」的智慧（箴一7），投入另一種談論同樣事情、但卻沒有神啟示旨意的智慧裏。

結果，所羅門藉着美化聖殿而使以色列沾上光彩（王上七～八章），可惜竟變成離棄神的君王，承受了一句話，這也是掃羅的寫照：「我必將你的國奪回，賜給你的臣子。」（王上十一11）其後的歷史漫長，王國呈現分裂，北部支派反叛羅波安，最後北國和南國都衰敗滅亡。

這裏會簡單指出分裂後王國突出的歷史情況。以色列國和猶大國都因着拒絕守約的罪，所受的審判愈來愈嚴厲。所羅門離棄神最後結果是以色列的滅亡。神與亞伯拉罕立約的應許，在所羅門統治下，可以說是全部實現，也同時失去了。這樣說乃指出，應許的實現必須考慮到人的罪性所招致的缺陷。無論從那種意義來看，在所羅門王朝中，神的國的實現仍有所缺欠。天國的模式肯定存在，但它是不完全的。若說聯合的王國能實現了立約的應許，則它只是一個影子而已。因此，若神是信實的，則應許必然會實現，這便是先知的信息了。

## 研習問題

1. 出埃及事件怎樣與創世記中神對亞伯拉罕的應許有關連？

2. 在甚麼意義上，以色列歷史乃福音的預表？

3. 神國的啓示怎樣從亞伯拉罕到所羅門漸進呈現出來？

## 註解

[1] 國家的羣衆有雙重的範圍，因爲亞伯拉罕也是非以色列人之父，雖然他們都與立約無直接關係，如以實瑪利和以掃的後裔（即以東人）。但這參考卻超越這界限，將外邦人也包括在祝福中，正如保羅在羅馬書四章 16 至 18 節所指出的。

[2] 這是爲甚麼保羅用創世記十五章 6 節作爲他講解「因信稱義」福音的眞理基礎（羅四章）。

[3] 第十四章的難解經文並不與這段其他內容脗合，因它沒有明顯地表達出相同的重點。然而，與麥基洗德王的神祕接觸和對他的什一奉獻，指出亞伯拉罕甘於放棄在那地致富的良機，直到那地歸他所有爲止。

[4] 先祖即指「父親」如亞伯拉罕、以撒、雅各和他的十二個兒子。

[5] 出埃及記六章 2 至 5 節强調神的名字與祂身爲守約者這種屬性的關係。「主」通常是用來繙譯希伯來文 YHVH 的，即今耶和華一名的出處。在某些階段，以色列人避免直稱此名字，因它是十分神聖的，故以 ADONAI（即「我主」）一字代之，因此譯名爲「主」。

[6] 希伯來文 *Yam Suph* 意思是蘆葦海 (Reed Sea)，而不是紅海 (Red Sea)。有學者尚在爭論以色列人是不是眞正經過這水域，但這並不影響過海的神蹟意義。

[7] 近代對古代近東訂定條約的研究支持了這解釋，在某種程度上，它可展示十誡形式的可信程度，甚至全本申命記與傳統的戰勝國對戰敗國所立條約的形式可能一樣。那些條約規定附庸國子民爲戰勝國一分子的生活形式。如果這種形式的分析站得住腳，則十誡所用的形式也是恰當的；西乃的律法乃立約的神對其子民生活上作出定

規的約。

[8] 這段特別的總結首先出現在利未記二十六章 12 節，但創世記十七章 7 節及以下、出埃及記六章 7 節等經文，也曾表達這意思。由於這宣稱在全本聖經中不斷反覆出現，它的重要性更加顯著，如出二十九 45；耶二十四 7，三十一 33 和三十二 38；結十一 20，三十四 24 和三十七 23；亞八 8；林後六 16；啓二十一 3。其中所表達的關係都一樣，那關係是包括在神國之中的。

[9] 我不能接受有關食物律例背後論據的觀點——甚麼是潔淨可以吃的，及甚麼是不潔淨而被禁止吃的，這單作衛生方面的考慮。縱然其中確涉及某些衛生問題，都不能將之成爲主要的目的。食物的律例「終止」（如西二 16 及以下），乃因基督的來臨，而非由於電冰箱的發明所致！

[10] 明顯地，舊約與新約之間確有其基本原因 (root cause) 或事物基礎，與功用性原因 (instrumental cause) 的分別。因此，我們沒有信心不能得救；反之，我們也不能因着信心而得救。信心只是工具，而救恩的根本是基督的公義。同樣地，沒有重生，我們不能得救；然而，重生並不是救恩的基本原因或基礎。若然，基督則永不用受死了。正如舊約那樣，新約指出沒有善行（守約），我們不能得救；但同樣，我們不能基於善行而得救。

[11] 在創世記四至十一章所記載，敬虔的後裔與不敬虔的分開乃這過程的開始，由這種模式發展下來，可看到餘數的本身成爲新的餘數分別出來的主題，餘此類推。因此，敬虔的後裔出自墮落的人類；挪亞一家由此而出，閃一家由挪亞而出，亞伯拉罕一家由閃而出，跟着以撒和雅各的家也出現了。在這個以色列家族中，我們可看到守約與反叛之間的分別。換句話說，立約成員的血源

子民，沒有必然獲得約的恩福之保證。

[12] 我們不能過分强調聖經中福音的表達，是神代替其子民施行拯救的一件歷史事實。福音乃是在基督的生命和死亡中完成的神聖歷史。福音不是人對這事件的回應，也不是神現在於我們內心使信徒重生和成聖的工作。故此，在舊約，「福音」乃神在歷史中固定的地點、時間，曾在那處所做的事之宣稱。

[13] 這兩城鎮分別代表迦南地最北的和最南的地方，故表達出撒母耳的影響力是全國性的。

[14] 這是希伯來字 *bayit* 的雙關語法。一方面它有「居住」的意思，另方面乃有「家族」或「王朝」的意思。

[15]「我是他的父親，他是我的兒子」是將立約的句子「我是你們的神，你們是我的兒子」個人化這説法很合理。大衛的後裔可稱爲神子民的代表；或以另一種的方式來表達，大衛的兒子是眞以色列。

# 8 預言中顯示的天國

## 「舊行列」的先知

為着討論的目的，我們嘗試將以色列先知分為兩組。第一組包括活在歷史國度時期的先知（正如第七章所描述的），其信息主要是指向啓示的紀元。第二組則包括住在猶大和以色列分裂後期間的先知，那時的以色列歷史已不能對國度的啓示產生正面積極的意義了。

這樣，我們便會發覺第一組包括了所謂「非書寫」的先知，而第二組則包括「書寫」先知[1]。也許有人會問，為甚麼後期的先知，從阿摩司起，會將他們的言論記載在書卷中，而早期的先知言論則只有在廣闊歷史裏出現。部分的答案是，書寫先知身處天國啓示之新紀元，故此，更有需要以正式途徑保存這新啓示。

以色列歷史所展示的「舊行列」先知是屬神國度的。這時期最顯著的是摩西（參申十八15～22，三十四10～12及民十二6～8）。在舊約，有一些活動是被形容爲先知性的，以致在描述先知的職分時，我們必須避免過分簡化它。話雖如此，先知卻正是蒙召而傳啓示給人的人物，我們也正就此作出研討。

在以色列歷史中天國啓示的紀元裏，摩西傳遞出神宣稱的、解救以色列出埃及的目的；他也是神要使用的工具。後來，也是摩西領受西乃的約；百姓藉着那約成爲神國的子民。西乃約中國度的理想支配着整個神對亞伯拉罕應許、並由摩西至所羅門等人所帶出的應驗歷史。亞伯拉罕的應許、從埃及得釋放和西乃的約的架構，賦予了在應許地、以色列歷史的意義。

所有在摩西以後的先知，都扮演神子民社會看守者的角色，並以西乃的約作爲工作的規範。先知們把律法當作鏡子，反照出個人、甚至整個國家的罪行。他們呼喚百姓轉回，忠誠服從所立的約，並且在有必要時，指責當時不信和不服從者的行爲。

先知的職分與既定的約的福分之條件有密切的關連。雖然，以色列的救贖是神拯救祂百姓出埃及的恩典作爲，但其最後所享的結果仍與以色列的服從息息相關。表面看來，以色列靠服從律法而得救恩，但事實並非如此。恩典首先在神的救贖作爲中出現，然後律法把神和所拯救的百姓連在一起，成爲祂的子民。倘若百姓拒絕接受作爲神子民的責任，他們要承受被逐出蒙福之地的痛苦[2]。這種附帶條件的祝福，在西乃的約上多處出現，在十誡（出二十 5 ～ 6 、 7 、 12 ）和申命記中更爲重要（如申十一 26 ～ 32 ，二十八 1 ～ 68 ，三十 15 ～ 20 ）。

撒母耳、拿單、迦得、亞希雅、示瑪雅都是由摩西延續到以利亞及以利沙預言時代的先知。他們都以西乃的約，和維護在以色列史中顯示的神的國爲依歸。甚至以色列王國分裂和敗亡時，以利亞和以利沙重複的事奉，都是爲了帶領神的子民歸回守約。循着目下對先知的關注，我們發現昔日的審判和恩典話語，已在現今紀元的處境內實現。

## 被擄前的先知

我們隨着阿摩司的事工，進入一個新的預言時期，它同時繼承舊行列的一些特徵，也引進一些有意義的、新的特色。雖然我們必須避免過分簡化先知的信息，可是，仍可發現其獨特的、先知末世論觀點的發展[3]（即對末日的觀點）。

### 律法的破壞

在這些後期先知的言論中有三個基本要素。第一是西乃的約，它仍是信仰和行爲的準則。這個神所賜的律法，永不會是短暫的，它乃是神永不改變的屬性的表現，也是先知詮釋神與以色列相交的參考。以色列違反這律法時，他們的操行便有不足，並且招致神的烈怒。無論個別先知所關注的是那一方面的違約，其個中含意是一致的——以色列（或猶大）破壞了與救祂他子民的、憐憫的神所立的約。

譬如，阿摩司書強調社會的不公義（摩一6～8，四1～3，五10～13，八4～6）。以賽亞書開頭幾章詳細指出以色列敬拜的儀式化，及徹底的拜偶像和離棄神。以西結書則強烈指出在主前五八六年，耶路撒冷最終被毀壞前，猶大離棄神的情況。先知並不再依西乃的約眞正界分社會性及宗教性的罪，所有罪都是違約的表現。

## 審判

第二，先知在責任上是民間傳遞審判信息的人。在各種形式的罪行上突出毀約這指控，是宣布即將出現的審判的基礎。只要這些先知仍指向現在的紀元，這信息就含有條件性的元素——悔改和服從可以避免審判。然而，先知亦會進一步指出一幅可怕和最後審判的圖畫。這方面部分反映出歷史中不樂觀的眞實情況。從以色列被拯救出來那一刻開始，我們就可以找出他們的反叛樣式（出十五 22 ～ 25，十六 1 ～ 3 及參看詩九十五 8 ～ 11），除非人類對罪性傾向有所關注，否則，最終不會有好結局。終於，我們漸漸知道，立約的子民在歷史旅程上無可避免地走向自我毀滅，就算是拚勁十足的改革，也不能起死回生（參王下二十三 24 ～ 27）。

描述審判的形式有很多，我們只想强調兩個重點。其一是神即時的、地區性的審判，甚至是以回顧過去事件爲警誡性的審判（摩四 6 ～ 11）。北國以色列的劫數是亞述大軍的入侵，結果她在主前七二二年亡國（何九 1 ～ 6，十 5 ～ 10，十一 5）。在猶大，以色列的命運被引以爲誡（賽十 10 ～ 11；結十六 51，二十三 1 ～ 11）。她面對同一命運，亡在巴比倫的手中，這是早已預言過的了（賽三十九章；耶一 13 ～ 16，二十 4 ～ 6，二十二 24 ～ 27）。另一重點强調審判是**普世性**或**宇宙性**的（耶四 23 ～ 26；賽二 12 ～ 22，十三 5 ～ 10，二十四 1 ～ 23；鴻一 4 ～ 6；哈三 3 ～ 12；番一 2 ～ 3、18，三 8；結三十八 19 ～ 23）。

我們很難像先知清楚地由普世性審判中，分辨出對以色列和猶大國的審判一般，去分別審判言論的重點。從時間的觀點看，我們看到分開的歷史事件——主前七二二年撒瑪利亞的滅亡，和主前五八六年耶路撒冷的滅亡──而我們又可預期將來最終的審判。但我們不該以為預言分辨這兩方面審判的失敗，是因它欠缺歷史的角度。這些審判的顯示，在神學上是緊密地結連在一起的。神對其立約子民的審判，原則上不會與祂對全人類的審判有分別。

## 救恩

第三個先知講道的要素是宣告，說明神信守所立的約，祂因此會拯救子民的餘數，成為祂自己的產業。正如審判的宣告一樣，救恩的宣告也指出救贖恢復的兩方面。神會容讓立約的子民再次成為祂後嗣；同時祂也恢復整個宇宙在人被逐出伊甸園時失去的榮耀。在本章末，我們探討在先知預言中的天國模式時，會更詳細討論審判的言論。

## 列國

在先知講道中，有另一個顯著的特色值得評論。除了約拿書之外，鮮有資料證實先知向外邦人傳道，但在向以色列或猶大的講道中，卻有許多言論是直接針對列國的。事實上，這些言論頗有意思，有時它們被收集，形成先知書的一部分（參摩一～二章；賽十三～二十三章；耶四十六～五十一章；結二十五～三十二章）。

正如上文所提及的，審判列國是神整體地審判罪的部分。然而，我們也應注意審判與救恩的關係。在審判列國時，神鎮壓所有反叛者。神這樣行是為了建立神的國。因此，我們不單只視列國的審判為一般審判的部分，更是神拯救子民的附屬品。神乃為祂子民爭戰的戰士，將他們從奴役及壓制中解救出來（出十四14，十五3～6；申九3～5；詩六十八篇）。神也審判那些惡待祂自己百姓的列國（珥三1～21；哈三6～13；番二5～15；該二21～23；耶四十六27～28，五十29～34，五十一24）。

## 被擄時期和被擄後的先知

被擄時期的先知，以西結和但以理[4]，在巴比倫服侍被擄的子民。被擄後的先知，哈該、西番雅和瑪拉基，則服侍那些從巴比倫歸回的社羣。我們在此要留意，不論這次巴比倫所帶來的災難是當時的情況，抑或是過去的歷史，先知都極力強調神在救恩和審判兩方面的普世性和最終作爲。在這個時期，一種以表達將來期望的新方式發展成**启示文學**。

大部分猶太启示文學在兩約間面世，但可在但以理書和撒迦利亞書[5]中找到它的一些元素。在但以理書七和八章，及撒迦利亞書一至六章中的異象記載中，我們可找出許多启示文學的特色，包括象徵主義和奇異的想像。這些內容高度發展出一種今世將會完結、而新的世代將會降臨、神國得以建立的觀感。天國被視爲神的新創造，那是不能單藉改革而成事，惟有把整個創造的秩序來一次革命性的大變動方可。

正如被擄前的先知不得不解釋所羅門王國的衰敗，和突出信徒對未來神國的盼望那樣，被擄後的先知要解釋被擄歸回後仍不能建立神的國的原因。這再一次證明，人的罪是主要原因，而神在未來最終及決定性的介入是惟一的解決辦法。

## 預言中的天國模式

現在我們要回到書寫先知所提出的未來盼望的模式。簡單總結來說，將來歷史的形式將以重大的差異來重演過去的歷史。全部對將來的希望，是藉着以色列由出埃及到所羅門的歷史所顯示的國度結構來表達的。最大的分別是，過去一切的輭弱都不會再出現。簡單地說，罪與其影響都會被根除。

先知描述了一個從過去到將來的連續，並指出兩者之分別。所有神藉着以色列歷史所顯示的國度仍是有效的。但它會被修改，新國度的景象中不會再有擾亂和衰敗。這個回復本相的國度將在新天新地裏出現，而所有這些新的創造都是永恆、完全和榮耀的。

要指出先知性盼望的特性，最簡單方法就是，先列出以色列歷史中那些形成神國模式的成分，然後找出它們怎樣在先知的未來論中重複出現。在前一章，我們曾得悉下列特徵：

i. 囚禁與天國的衝突。

ii. 出埃及事件是神基於亞伯拉罕的約，而施行的大能救贖。

iii. 西乃的約約束以色列，使他們成為神的子民。

iv. 攻佔迦南。

v. 藉着聖殿、大衛王朝，和聖城耶路撒冷而集中在神的法則上。

到底神為甚麼要向一個反叛的國家施行救恩呢？從舊約的觀點來看，是因祂不但信守與亞伯拉罕所立的約，並視之為永遠的約（創十七7）。神一直向其選民流露出堅穩的愛或立約的愛（賽五十四7～8，五十五3；耶三十三10～11；彌七18～20）[6]。

現在，神正在以此立約的愛爲基礎施行新的工作，而每一項歷史王國顯示的特徵，都會在末日神施行救贖時，得到更新。

1　新的奴役

被擄前的先知預言猶大將會被毀滅，而百姓被擄至巴比倫，這與埃及爲奴一事類似，且是不容忽略的。其中有一新的發展，這種奴役明顯是因着罪或背約而有的。

2　新出埃記

很多有關從巴比倫回歸的宣告都引述了出埃及的模式（耶十六 14 ～ 15，二十三 7 ～ 8；賽四十三 15 ～ 21）。在以賽亞書中，多段描述離開巴比倫的經文都暗指出埃及記一事（賽四十 3 ～ 4，四十一 17 ～ 20，四十二 7，四十三 1 ～ 2、16 ～ 20，四十八 20 ～ 21，四十九 24 ～ 26，五十一 9 ～ 11，五十二 3 ～ 4、11 ～ 12，六十一 1）。

3　新的約

從某一角度看，先知視此爲多個約的更新——挪亞的（賽五十四 8 ～ 10）、亞伯拉罕的（賽四十九 5 ～ 9；耶三十三 25 ～ 26）、摩西的（耶三十一 31 ～ 36）及大衛的（耶三十三 19 ～ 26）——的說法是正確的。但我們從耶利米書三十三章 19 至 26 節，更容易看到亞伯拉罕與大衛的約有密切的連繫。事實上，所有的約基本上都統一。耶利米指出摩西的約與新的約有其統一性（三十一 31 ～ 34），因爲新的約並非是取代舊的，而是更新舊的約，和使之應用得來可以保持完全。

4　新的國家

先知預測到更新了的子民——忠信的餘數——歸回。這些子民心靈已被改變，並且得着賜下的新靈，以致律法可以在他們心中得以實現（賽十20～22，四十六3～4，五十一11；耶二十三3，三十一7；結三十六25～28）。跟着，神在地上建立國家，而錫安會得以重建（賽四十四24～28，四十六13，四十九14～21，五十一3，六十3～14）。在錫安的新聖殿將會是榮耀的（結四十～四十七章），而這是神的靈所作的工（迦四6～9）。根據與大衛的約（撒下七章），新的大衛會以神的牧人君王身分統治祂的百姓（賽十一1；耶二十三5～8，三十三14～26；結三十四11～13、23～25，三十七24～28）。當新錫安彰顯榮耀，列國會根據亞伯拉罕的應許而得到祝福（創十二3；參賽二2～4；彌四1～4；亞八20～23）。

5　新的創造

前文已提及在伊甸園所顯示的天國，和在以色列歷史所顯示的天國之間有其延續性。因此，先知間中引用伊甸園的天國爲將來新國度的模式，甚至把伊甸園和迦南的元素混合是正常的。以賽亞在新的創造和新天新地的架構中，講述以色列的救贖（賽六十五17～21）。在這個宇宙性的再創造狀況裏，新耶路撒冷是新的伊甸園；在其中，大自然恢復和諧（參賽十一1～9）。許多經文都提及沙漠會變成肥沃，這使人記起迦南會是一塊流奶與蜜之地的期望——一個取自伊甸園的想像（參賽四十一18～20）。神將會使錫安的曠野變成伊甸園那樣（賽五十一3；結三十六33～36）。

## 附錄

主前五三八年，猶大被波斯佔據之後，先知都預測這是救贖的大日子的前奏。事實上，這種預言的實現只是那盼望的表徵而已。以斯拉記和尼希米記，加上哈該書、撒迦利亞書和瑪拉基書都繪出一幅清晰的重建圖畫。所有國度應許的成分都包括在內，但卻遠不及從前的榮耀，甚至不可相提並論。所以，被擄後的先知要解釋爲甚麼這不是所盼望等侯的日子，並提出要再次對將來有盼望。這希望常常好像一支在風中閃亮着的蠟燭，年復一年地變化，但卻永遠不能把他們從外邦人的壓制下釋放出來。

舊約紀元結束之後，在波斯統治期間，猶太人面對許多試煉，他們立約的信心多次嚴重地受到異教哲學和生活方式所動搖。聖殿被希臘人所褻瀆，而許多殉道者犧牲了[7]。猶太教的信仰發展出不同的教派——法利賽人、撒都該人、奮鋭黨、愛色尼派，同時間，近東的統治權力從波斯、希臘，最後轉到羅馬帝國手上。一羣誠信的餘數經歷這一切，等候着以色列的安慰。

## 研習問題

1. 舊制度先知的信息與新制度先知的信息之間，最主要的分別是甚麼？
2. 先知對將來國度的看法，怎樣與以色列歷史的國度不同？
3. 先知怎樣用過去的歷史來描述將來？

## 註解

[1]這個術語並不精確，因爲它並不清楚表示到底有多少先知文學，眞正是由先知自己書寫的。先知的宣講主要是口授的，至於書寫只是後事吧了。

[2]在新舊約裏，有關善行與救恩的關係的看法是一致的。得救是本乎恩典，但恩典絕不會脱離善行而單獨存在。換句話説，無人（無論在舊約或新約）**因着**善行而得救，但也沒有人不行善而得救。這是兩約統一的一方面，以致舊約能適用於基督徒。保羅在哥林多前書十一章1至2節所引用的出埃及情況，更顯出類似的統一。

[3]指對末世事件的研究（ *eschatos* 在希臘文的意思是「最後」）或對時代終結的研究。

[4]雖然希伯來的舊約聖經並不將但以理書與其他先知書放在一起，我們仍把他放在先知之列（參看第三章註1）。

[5]若要參考啓示文學特性的研討，可參看 Leon Morris, *Apocalyptic* (London: IVP, 1972)，或任何聖經字典中的文章。

[6]希伯來字 *hesed* 通常譯作**憐憫**或**堅定的愛**。這個專有名詞有信守一個約的意思。因此，敬虔信徒默想到神信實守約時，他們愛用這字表達稱讚和感謝。可參看詩篇一三六篇的例子，其中每節都包含一句「因祂的慈愛 (*hesed*) 永遠長存。」

[7]在主前四世紀末，亞歷山大大帝把希臘的勢力和文化帶進聖經的歷史世界中。他在主前三二三年逝世之後，直到羅馬人統治爲止，期間仍繼續不斷有許多權力上的衝突和爭鬬，至於希臘文化與猶太人信仰的衝突，在次經馬加比一書和二書中有明顯的説明。

# 9 耶穌基督所彰顯的天國

大多數基督徒對新舊約之間的連繫都有其看法。對許多人來說，耶穌的降臨頂多是彌賽亞預言的實現。在第二章，我們已知道，聖經某一類的統一逼使我們找出它的所在，並以之將新舊約連起來。在第三章，我們又看到，基督徒的身分意味我們有一套方法處理聖經的統一。作爲基督徒就是認定，凡事的目標都是在耶穌基督裏，連救贖歷史也不例外，因爲耶穌基督乃神完美的形象（西一15～20，二9～10；來一3），先前所有的啓示都是指向祂，也在祂那裏得着實現和意義。

有許多新約的經文都指出，舊約期盼新約，並在新約裏得着實現：

> 「神既在古時藉着衆先知，多次多方的曉諭列祖，就在這末世，藉着祂兒子曉諭我們，又早已立祂爲承受萬有的。」（來一1～2）
>
> 「神的應許，不論有多少，在基督都是是的。」（林後一20）。

「我們也報好信息給你們，就是那應許祖宗的話，神已經向我們這作兒女的應驗，叫耶穌復活了。」（徒十三 32 ～ 33）

「於是從摩西和衆先知起，凡經上所指着自己的話，都給他們講解明白了。」（路二十四 27）

有一點非常重要的是，我們要清楚了解到，舊約在新約中的逐漸實現，不單是叫我們知道耶穌基督是整個過程的終點，我們更是要以福音的觀點來了解全本聖經。那即是說耶穌基督是解釋全本聖經的鑰匙，而我們面對的任務是了解祂**怎樣**解釋聖經。我們首先要知道，當我們認爲耶穌基督是解釋的鑰匙，我們該按有關的啓示來談論祂——福音的基督。若單單從神救贖的上文下理中，强調拿撒勒人耶穌的道德（正如許多自由派人士所做的）；又或單單從神在肉身降卑的歷史性顯現的內文中，强調基督超自然的臨在（正如許多福音派人士所做的），都是不足的。明顯地，我們必須先清楚福音的本身，才能了解基督在聖經解釋上的意義。

## 福音

福音是甚麼？隨便挑十個基督徒來問這個問題，你可能得到十個不同的答案。或者，沒有一個是完全錯的，但這些差異卻使人感到混亂。舉兩個極端的例子來說明這點吧。自由派基督徒經常强調耶穌的**人性**；耶穌是一個好人，而事實上是天下惟一眞正的好人。這種好人的福音必然被删減爲某些可以模仿的榜樣，且是一種要求我們嘗試照樣作的展示。無可否認，這看法中有些眞理。另一方面，福音派經常强調耶穌的**神性**；基督是神超自然的兒子，今天仍活在信徒的心中。神聖基督的福音變成了超然的生命改變，而這顯然也有眞理成分。

讓我們在這裏澄清一點。這兩種極端的觀點都具有部分眞理的說法，並不是說我們要各取部分內容，採取中庸之道或保持平衡，反而是要我們努力找出聖經的觀點。

基本上，福音是宣告神在耶穌基督裏爲我們所成就的事，而不是宣告（正如我們通常所引伸的）神現在作在信徒身上的事，雖然兩者是不能分開的。那是指耶穌以肉身降臨地上的客觀歷史事實，及神對這些事實的解釋。當彼得在五旬節傳講福音，他很快便將注意力從神賜下聖靈在使徒身上，轉而集中在有關拿撒勒人耶穌的事上（徒二 14 ～ 36 ）。

這些事實就是「道成肉身」、拿撒勒人耶穌最完美的生命，以及祂的死並從墳墓中復活。這些事實的解釋就是，它是「爲我們和爲我們的救恩」而發生的。在這簡單句子中，我們便概括了聖經啓示的寬度和深度。

每提及耶穌的降生乃**道成肉身**時，我們認眞地接受聖經的斷言，祂並不只是人而已，也不是個有一些神聖本質的人。在馬槽裏的嬰孩在同一時間是神子**和**人子——有完全的神性和完全的人性，所以同是神**和**人。若不承認耶穌基督同是眞神和眞人，我們就不能主張福音是好消息，和神施行救恩的大能。故此，相信道成肉身並不只是一件理論上的事而已。福音乃是說，人不能做任何事得蒙神悅納，而神自己卻藉着耶穌基督，使我們得蒙救贖。爲了蒙神悅納，我們必須活出一個完全，並不斷順服祂旨意的生命。

福音就是宣告耶穌已**爲我們**成就了這些事。因神是公義的，祂必會對付我們的罪。祂照樣已在耶穌裏**爲我們**完成了這事，基督已**爲我們**完全地活出神的神聖律法，也**爲我們**完全付了罪的贖價。基督**爲我們**生，也**爲我們**死，只有這是我們蒙神悅納的根據。

惟有神人耶穌基督能活出眞正無罪的生命，也能爲人的罪而付出贖價，戰勝死亡。我們不能明白耶穌基督一個人怎樣有兩種可分辨、但卻不可分割的本性。使徒也不能明白，但他們卻接受這事實，視之爲整全的福音。就這方面，我們稍後會更詳盡地探討。

總括來說，福音乃神在基督裏所作的、已爲我們救恩所成就的事。正如我們必須分辨基督的兩性，也必須要分辨出那些是神**爲我們**做的，以及那些是神**在我們裏面**做的。同樣，我們不能分割基督的兩性，也不能分割福音與福音的果子。我們就是靠着這福音重生（彼前一23～25），這福音也孕育了眞正的信心（羅十17），而且這福音產生了神聖和聖靈充滿的生命（西一5～6）[1]。然而，這一切都與舊約有關連，我們要嘗試探討它。

## 天國的福音

有時，福音被稱爲「天國的福音」（太四23，九35，二十四14）。馬可告訴我們，耶穌傳講神的福音時宣告「神的國近了」（可一14～15）。福音的主題乃天國，而這天國的觀念並不是全新的——因爲「日期滿了」，所以是「近了」。此外，「神的國」一詞縱然不是舊約本身的名詞[2]，但對那些聽耶穌說話的人來說必有其意義。

新約的必然結論是，福音實現了舊約對神國來臨的盼望。然而我們仍要精確地了解它所指的是甚麼，及它在新約本身中怎樣實現出來。我們看過舊約的天國觀，它以三個不同卻有關連的時代或層次——伊甸、以色列歷史和先知的未來觀——表達出來。若福音實現了天國的期望，我們就應該能夠從新約的證據，分辨它是怎樣成就的。再者，我們現在正弄清楚聖經釋經的一方面。事實上，在聖經中天國啓示的不同層面，界定了啓示的漸進特性；也提醒我們在整體統一中有多樣的表達形式。每一個天國的表達——伊甸、以色列、先知的天國，以至現在的福音——都代表着同一樣實體，而以不同（卻相關的）方式表達而已。

它們有關連，但有不同的表達方式！每一個天國的表達都與先前的有別。不過，許多基督徒不明白這事實的含意。正因新約說實體在福音中——在基督本身裏，所以必須以祂來詮釋全本聖經。現在，有些基督徒以字面釋經法，作爲他們對聖經的默示與權威的看法。可惜，這並不正確。因若以「字面」來解，實現必須以應許中精確的術語來表達；這樣，實體仍只是預兆的未來重複而已。

新約時代並沒有字面釋經法。新約不斷強調基督是這些舊約的詞彙、形象、應許和預兆的應驗，但它們以異於應驗的方式表達出來。對新約而言，舊約的解釋並不是「字面的」，而是「基督論的」。這即是說，基督的降臨將所有舊約的天國詞彙都轉化爲福音的實體[3]。讓我們詳細討論這種轉化過程。

## 天國的子民

在舊約，神國的首要元素是神的子民。在伊甸園，神的子民是亞當和夏娃[4]。在以色列歷史，神的子民是亞伯拉罕藉着以撒和雅各而出的後裔。在先知的盼望，神的子民是以色列忠信的餘數。在福音，神的子民是耶穌基督。

首先，耶穌被描繪爲**眞正的亞當**（或**末後的亞當**）。請參考下列資料：

耶穌是亞當的後裔（路三 23 ～ 38 ）。

耶穌勝過令亞當失敗的試探（可一 12 ～ 13 ）。

耶穌接受浸禮，認同了亞當的族類（路三 21 ～ 22 ）。

耶穌是末後的亞當（羅五 18 ～ 21 ；林前十五 20 ～ 22 、 45 ～ 49 ）。

耶穌是人子（一個指人類的名詞，因此也即是亞當族類其中一員）[5]。

第二，耶穌是亞伯拉罕的**子孫**。初讀保羅在加拉太書三章 16 節所說的，[6]覺得他在這要點上的手法不公平。但保羅所說的是基於整個舊約背景的，就是民族的團結是與其原始的祖先有關的。保羅乃是說亞伯拉罕的子孫以色列，只在基督裏才有意義。只有祂才是眞以色列，福音書中也有同樣的觀點。馬太的家譜就表示耶穌是大衛之後代，也就是亞伯拉罕的子孫（太一 1 ）。

第三，耶穌是**眞以色列**。這是由上一點發展而來的，因以色列是亞伯拉罕的子孫。馬太引用了何西阿對出埃及的說法作爲其論點：「我從埃及召出我的兒子來。」他藉此描述耶穌、馬利亞和約瑟在希律死後回歸一事（太二 15 ）。無論怎樣，將一個有關以色列的歷史事件，應用到耶穌生平的類似事件上，必然顯示某種相同，保證了「應驗」的描述。耶穌在曠野受試探的記載中（太四 1 ～ 11 ；路四 1 ～ 13 ），祂爲抵擋試探而引用的每一節經文，都與申命記中以色列在西乃曠野所受的試探有關。它意指古以色列受試探而失敗，耶穌（眞以色列）卻得勝了。

第四，耶穌是**大衛的子孫**。神對亞伯拉罕後裔的應許，經常是以那偉大的約的方程式來表達：「我是他們的神，他們是我的子民。」在撒母耳記下七章14節，大衛的兒子本人也得到這應許：「我要作他的父，他要作我的子。」領袖與其百姓的憂感與共再次出現。君主包括了其百姓，也是他們的代表。

耶穌這些不同的身分帶出一點，耶穌基督是新族類的始祖。任何聯於祂的人都是這族類的一員，只因爲祂**是**那族類。故此，無論誰在「基督裏」，都是一個新的創造（林後五17），即是說，他屬於以基督爲首的新秩序。

## 天國的所在

舊約天國的第二個元素是我們所稱的「神的地方」。這可能是一個稍有不足的方式來描述新約的天國觀。縱然它仍不時運用舊約的詞彙，它並不規限於某一個特殊的空間觀念，諸如一個花園（伊甸園）或一塊地（以色列）。無論如何，我們仍該有一些途徑去了解新約中「地方」的意義。

在第一層次的啓示方面，天國的所在地是**伊甸園**，第二層次是**迦南地**，因爲兩者都是受造的地球的部分，所以，縱然其一屬於墮落前期，而另一個則屬於墮落後期，中間仍有一個可估計到的連續部分。第三層次是先知未來的天國，採納了天國位置的迦南模式，卻「褒揚」它。我們先前已看過，在先知的預言中，明顯地會出現這兩種層次的混合物。

在舊約，救恩包括了神的子民與環境的復和，以致與神和好。因伊甸園代表完美的第一次創造，故救贖過程需要伊甸樂園的再造。這意象進程的開始是伊甸園，接着是以色列歷史中的「流奶與蜜」之地，及後是先知眼中新天新地的新樂園。

新約繼續這進程。耶穌宣告祂的國不屬於這世界（約十八36），但同時，舊約那種屬地的意象不斷重複出現，而且也漸清晰。彼得複述以賽亞新天新地的預告，但卻指出那是與現在的事物有一個完全的分割，現在的秩序必要過去（彼後三10～13）。

舊約發展「以色列」層次時，集中在耶路撒冷（錫安）上，並以之爲神的土地的中心。因此，先知經常描繪錫安的收復，作爲神國的彰顯。回歸的忠信餘數也是返回錫安，同樣地被吸引進入天國的外邦人，也是回歸錫安。

至此，若以色列的希望是國家會歸回錫安（例如賽三十五10），我們就必須查考新約，找出錫安的所在。希伯來書十二章22節指出一個猶太人悔改歸向基督，乃返回錫安。錫安就是現在**耶穌**在神的右手中**掌權的地方**，也就是信靠福音的地方。

另一處重要的經文是希伯來書十一章8至16節。這裏的主題是有關神子民的繼承問題，這是指亞伯拉罕和那些先祖的情況。從解釋福音的觀點來看，亞伯拉罕在福音中的盼望是：他等候那座有根基的城，就是神所經營、所建造的（10節）。至於那些先祖的希望，作者重申他們羨慕更美的家鄉，也就是在天上的（16節）。這福音促使作者將舊約舊形象轉化爲新的。

另一個重要的神國的所在乃是聖殿。聖殿之所以成爲焦點，乃因它代表了神與子民同在。它展示應許地並不單只是百姓生活的地方，更是神與人關係的所在。故此，聖殿構成了神國存在的部分，天國也藉此而被認出。

在新約，聖殿的主題也幫助我們認識新舊約的關係。有一件事是清楚的：新約宣告新的聖殿已出現，因為只有耶穌基督是聖殿的本身。約翰描述道成肉身時說：「道成了肉身，住在我們中間。」（約一 14 ）希臘文字面的直譯是：「……和搭**帳幕**在我們中間。」換句話說，約翰視耶穌為曠野中的帳幕。為甚麼耶穌是聖殿呢？因為祂是與我們同在的神。

不過，這思想被進一步發展：耶穌同是神和人緊密的聯合。耶穌是神和人最完美的關係。故此，耶穌與猶太人爭論聖殿的潔淨時（約二 13 ～ 22 ），他權威地表示：「你們拆毀這殿，我三日內要再建立起來。」（ 19 節）。祂的反對者受着舊制度的轄制，只想到希律的聖殿的磚和泥。但約翰告知我們，耶穌指出聖殿是祂自己的身體，所以，祂的死而復活使門徒明白了祂曾說過的話（ 22 節）。

這些地點的影象——花園、土地、城市、聖殿——全都在福音裏實現了。在新約，天國的地點乃耶穌基督自己。為免我們受曲解的論點誤導，聖經清楚指出耶穌基督復活了，並在天上坐在神的右邊[7]。

## 天國的法則

舊約天國模式的第三元素，是神藉話語管治其子民的法則。聖經中各種約的內容亦然。我們會明白神立約的法則有兩個重要的層面——約的本身和約的中保。

我們已知道，神統治伊甸園時，祂藉話語界定了亞當的自由。而對亞伯拉罕，神不單只呼召他，還引導他和應許他，這一切的目標是表達出立約的關係：「我是你們的神，你們是我的子民。」之後，當以色列明白自己是神的子民，神在西乃的立約上，藉着日常生活定出祂子民的角色。繼而，先知的希望並不是另立新的約來管治那些歸回的百姓，乃是約的新應用——寫在人的心靈上——所以，這是完全脗合神的屬性和旨意的（耶三十一 31 ～ 34 ）。

新約並不經常這樣提及立約的事，但多次提及福音實現了新的約之希望，馬利亞之歌就是一個例子。它詮釋耶穌的降臨實現了舊約的希望（路一 46 ～ 55 ）。同樣地，撒迦利亞之歌和西門之歌都是用舊約立約的詞彙來講解道成肉身（路一 68 ～ 79 ，二 29 ～ 32 ）。在最後晚餐時，耶穌宣告那杯是「用我的血所立的新約」，故此指出了祂的死乃實際奠定新的約的實體，正如舊的約是由摩西獻祭的血所達成的一樣（林前十一 25 ；參出二十四 8 ）。

希伯來書八至九章解釋了福音就是耶利米所講的新約，且是這方面詳細的。該作者說新的約勝過已過時之舊的約，並不是說舊的約與新的約毫無關係。事實上，他證實新的約完全成就了那些在舊的約所預言的。有些人喜歡將新舊的約一刀兩斷來分割的人，經常引用以下句子來支持他們的論點，「你們不在律法之下，乃在恩典之下。」（羅六 14 ）其實律法乃新立的約——耶利米書三十一章 31 至 34 節建立的事實——故新約中律法的地位是重要的。這些章節的內容通常都顯示出它們的統一性。耶穌來不是廢除律法，乃是要成全它（太五 17 ～ 20 ）。律法仍是神公義的標準（羅二 13 ），而信心並不是廢除律法，而是要堅固它（羅三 31 ）。故此，耶穌的爲我們生和死，乃是要滿足律法對人的要求和懲罰。事實上，我們自己做不來的事實不會除去這些要求，而只要我們相信基督已爲我們成全了，我們便會維護這些要求。

另一個與神的法則有關連的主題是王權。以色列的士師在某程度上是君王的前身，不過，大衛才眞正實現了調停神法則的意義。申命記十七章 14 至 20 節提出了王權的模式，我們可看到君王乃立約的中保。在撒母耳記下七章，我們可發覺王權統治與聖殿是連在一起的，所以王位與聖殿在意義上幾乎成爲同義詞。

那麼，新約又怎樣表達出，大衛的統治在神的國裏恢復呢？首先，耶穌是大衛的子孫，這意味祂在神的國裏永遠掌權管治。第二，指出復活乃實現了有關大衛恢復統治的預言：「既是先知，又曉得神曾向他起誓，要從他的後裔中，立一位生在他的寶座上，就預先看明這事，講論基督復活。」（徒二 30 ～ 31 、 36 ）。「論到神叫他從死裏復活，不再歸於朽壞，就這樣說：『我必將所應許大衛那聖潔可靠的恩典賜給你們。』」（徒十三 34 ）

我們已談過聖殿與神國的所在有關連。我們已注意到，這「聖殿」的主題在新約中顯示出神的國在福音裏得以實現。這是表記，表示神住在其子民當中，並依會幕裏至聖所約櫃內的法例來管治（出二十五 21 ～ 22 ）。在撒母耳記下七章記載，所羅門的聖殿預表神實現了對大衛之應許，大衛的子孫成爲統治者。以西結的焦點是，神在天國裏管治和賜予生命的象徵乃是新的聖殿（結四十七 1 ～ 12 ）。撒迦利亞看到由大衛的後裔所羅巴伯藉着聖靈建立一所新的聖殿（亞四 6 ）。對約翰而言，眞正的聖殿是耶穌這個「道」的肉身顯現（約一 14 ，二 21 ）。司提反明白到，要除去人手所造的殿才能實現福音，若堅持舊的便抗拒聖靈（徒七 46 ～ 51 ）。對保羅來說，聖殿在基督的復活（徒十三 34 ；參申二 6 ）和基督藉着聖靈的同在中應驗了（弗二 18 ～ 22 ；林前三 16 ；林後六 16 ）。彼得也同時知道天上的聖殿（徒二 30

～31），和地上聖靈的創造（彼前二4～8）。我們在啓示錄二十一和二十二章，看到描述天上實體的高潮。在這裏，神自己是聖殿，故不再需要象徵的建築物（啓二十一22）。我們也看到以西結異象（結四十七章）中，聖殿裏神的寶座流出活水的江河（啓二十二1～5）。聖殿神學藉着福音得以實現，而天上的聲音恰切地確定了其目標：「看哪，神的帳幕在人間，祂要與人同住，他們要作祂的子民。」（啓二十一3）

## 天國：現存和尚未臨到

若福音是與二千年前發生的歷史事件相連時，我們能否說所有舊約先知的希望都在福音裏得實現呢？我們不能隨便忽略基督第二次的再臨，和這使信徒有榮耀變化的應許。但有關「世界的末了」的應許，及其前後的事件又怎樣呢？換一種說法：我們怎樣將現在爲信徒而設的救恩，連於神國最後在榮耀中的顯現呢？許多人實際上都認爲，基督的第二次再臨包含了神全新的工作。因爲他們不接受所有的應許都在福音裏得實現，所以他們被逼接受這樣的結論。因此，不理會聖經的證據（上文已引述的），他們便認爲以色列的回歸、聖殿的重建、大衛王位的恢復，都與福音沒有關連，並且會在其他將來的事件中實現。

若這書的立論確實，我們該有以下的結論。新約乃在二千年前發生的「基督事件」，那是神爲所有屬祂的子民（包括猶太人和外邦人）的救恩所完成的完美事工。福音——基督第一次的降臨——爲信徒贏得所有榮耀的財寶。信徒在相信的那一刻，已蒙神完全地接納，因爲基督和祂的工作都是完全的。信徒的地位永不能再改善的了——他已擁有基督一切的豐盛。若信徒現在在

**基督裏**一無所有，將來也不會在榮耀裏得着甚麼。他是藉信心而擁有一切，不過，藉着信心並不令這一切失卻眞實性。

故此，基督徒生活在一種張力中，現在既「藉着信心」生活，卻未能「藉着眼見」而知道天國「還未來到」的實體[8]。

我們其中的一個含意是，啓示錄必須由福音的角度來解釋，因爲有些人對它感到迷惑，也有人卻藉着它胡亂推測將來的事。我們也該以基督第一次的降臨來詮釋第二次的降臨。對信徒來說，基督第二次的降臨會顯出祂和祂國度的榮耀，那是我們藉着信心而獲得的榮耀。對不信的人來說，第二次的降臨會宣示審判，而這審判實在已落在每個罪人身上，雖然他們並未能察覺到[9]。

## 基督乃天國

我們開始把所有零碎事件拼在一起來看，便能知道一項常被忽視的眞理出現了，那就是新約處理了舊約啓示的整體模式。要了解神的國，我們就必須認識耶穌基督。這並不是一種假敬虔的口號，又或陳腔濫調，而是對我們解釋聖經的重要提示。

我們界定神的國爲，神的子民在神的地方接受神的管治。新約視耶穌基督爲以上各方面的基本參考。祂是神的眞正子民、眞的王權範圍和眞正統治。

這叫我們想起在第四章所開始提及的聖經神學。身爲基督徒，我們承認基督是通往神的途徑，也相信基督的福音是神救恩的大能。以聖經全面統一的觀點來看，這些陳腔濫調可得到更深的意義，而那是我們忽略了的。聖經神學顯示了聖經中所有盼望，都在耶穌基督裏實現的啓示過程。因着基督是所有啓示所指向的目標，

**圖七　神的國和福音**

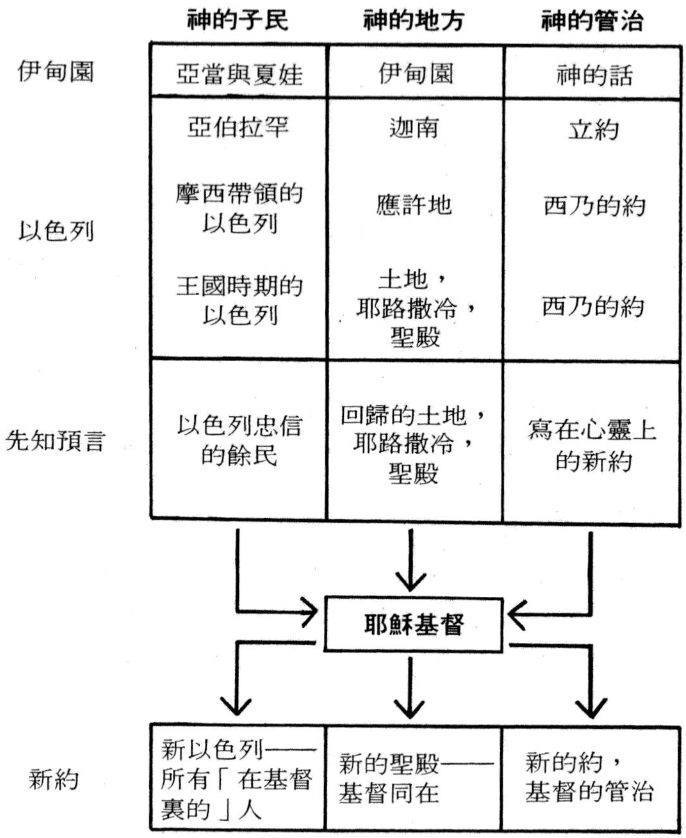

| | 神的子民 | 神的地方 | 神的管治 |
|---|---|---|---|
| 伊甸園 | 亞當與夏娃 | 伊甸園 | 神的話 |
| 以色列 | 亞伯拉罕 | 迦南 | 立約 |
| | 摩西帶領的以色列 | 應許地 | 西乃的約 |
| | 王國時期的以色列 | 土地，耶路撒冷，聖殿 | 西乃的約 |
| 先知預言 | 以色列忠信的餘民 | 回歸的土地，耶路撒冷，聖殿 | 寫在心靈上的新約 |

↓

**耶穌基督**

↓

| | | | |
|---|---|---|---|
| 新約 | 新以色列——所有「在基督裏的」人 | 新的聖殿——基督同在 | 新的約，基督的管治 |

祂本身、祂的爲人和行爲便成爲解釋所有經文的關鍵。

最後，我們在本部分的最後一點是，耶穌基督（正如我們已看過的）本身包含了神的國。這福音就是人與基督恢復正常關係的福音；而這些關係包含了全部實體：神、人和創造的秩序，正如伊甸園和迦南都是在基督裏，神完美的世界也是在基督裏。福音派人士常常遺忘這方面的眞理，但舊約卻强調其歷史性。福音並不單單是「罪得赦免」和「死後上天堂」。福音乃神、人和世界的關係重修。我們不應誤用聖經的預表和由福音改變了的舊約象徵，以致完全脫離這個神創造的世界。福音不單涉及神，更是涉及其他人和整個世界。這事實怎樣影響基督徒對世界、政治、文化、藝術、生態和科學的看法，是我們應該繼續關注的。

## 研習問題

1. 福音是甚麼？
2. 新約怎樣處理福音與預言應驗的關係？
3. 基督第二次再臨與先知預言的應驗有甚麼關係？

## 註解

[1]我們藉着這可以看到，道成肉身的奧祕，與三位一體——三個位格一位神——的奧祕是類同的。若耶穌是三位一體眞神的最高啓示，則這是自然不過的想法。再者，正如必須分辨、卻不能分開的基督兩性一樣，我們必須分辨但卻不能分開神的三個位格。正確的分辨乃是表達那三個位格的合一，卻不產生混亂。因此，我們一定要分清聖子與聖靈，或聖子的工作與聖靈的工作。故此，也須要清楚界定神在聖子裏爲我們所作的工，與神藉着聖靈爲我們所作的工之别。

[2]神的國是聖經中一個統一的主題，John Bright 在 *The Kingdom of God* (N. Y.: Abingdon Press, 1955) 一書對此有其論述。

[3]並不是所有事情都須要改變，明顯地，字面解釋仍可適用於一些先知預言應驗上；所以，彌賽亞預言中有關一嬰孩的誕生和伯利恆一地，都按字面意思應驗了。這種字面的解釋是因着一個事實而發揮功效的——神爲救贖罪人而進入罪人的墮落世界中。道成肉身的要點乃是神藉耶穌基督，與我們世界建立一個親密關係。

[4]這並不是差劣的文法！在希伯來文中，「子民」是一個集體性的單數，指出某一國家或種族是一個單元，而表示出團結性。在現代英文用法中，子民的意義已淪爲個人的衆數。

[5]福音書多處經文指出耶穌是人子。我們可以肯定的是，大部分都藉着但以理書七章的異象，而將耶穌與亞當連在一起，而該處經文所提的人物不單只是屬世的，也是屬天的。

[6]「所應許的原是向亞伯拉罕和他子孫説的，神並不是説

『眾子孫』，即指着許多人；乃是說『你那一個子孫』，即指着一個人，那人就是基督。」

[7] 我們必須强調這事實，因爲一般講道經常强調，基督在信徒心中作王。這樣的說法是有其聖經根據的（加二20；弗三17；西一27），但這必須在聖經强調的基督復活和聖靈臨到我們的亮光中來理解。

[8] R. D. Brinsmead, ("Eschatology in the Light of the Gospel", *Present Truth,* vol. 3, number 4, Sept. 1974, p.4) 說：「福音必須決定我們末世的觀點。理由是：福音乃是有關『基督最後已完成的工作』的報告。且若『基督最後已完成的工作』是一個事實，而不是一個空洞的口號，則它所指的末後的事單單是揭露出那些已作成的事。」

[9] 明顯地，這方面的討論與目前流行的對預言的解釋有極端嚴重的分歧。因本書並不是爲此爭論而寫作的，很多讀者已可能明白這方面的主張稱爲時代論（Dispensationalism，代表者是司可福聖經），而它的現代演繹者（例如 Hal Lindsey, *The Late Great Planet Earth*），都是對先知預言應驗提出十分不同的看法。我只是要求那些不同意的人，在聖經亮光下合理地了解我的看法，而不要單單維護所喜好的信仰而反對它。我覺得有趣的是，Hal Lindsey 在 *The Late Great Planet Earth* 中幾乎完全忽略了新約中那些有關以色列的預言，在福音中得以應驗的大量材料。

# 10 釋經的原則

在第四章，我們指出釋經學是一個決定怎樣使古代經文在此時此地有其適切意義的過程，現在我們會更準確地指出：釋經學目的是在福音的亮光下指出經文的意義。我們要解釋舊約，就建立它與神在耶穌基督裏啓示之關係。爲此，我們要了解聖經神學所展開的啓示結構的知識。

神國觀念的研究顯示，每個天國啓示的層次都有同一主要的成分，它們並與神救贖作爲和所引致的目標有關連。每一層次都預表了福音的實體。每一步不單是在啓示年代中的一個進程，更是使神國的本質愈來愈顯明的一個進程，直至福音完全淸楚的啓示出來。

在第 110 頁的圖八會把這些關係解明出來，它代表聖經的統一性，和不同層次的分別。在圖中，天國時代間的界限，是由與天國有關的約之表達顯示的。亞伯拉罕得到天國的應許，而由大衞預表了（預表地應驗）。先知更新了天國的應許，那是因着基督的降臨而有「近了」的宣告。在基督的第二次再臨時，天國便會全然的彰顯和成全了。

圖八　神國的彰顯

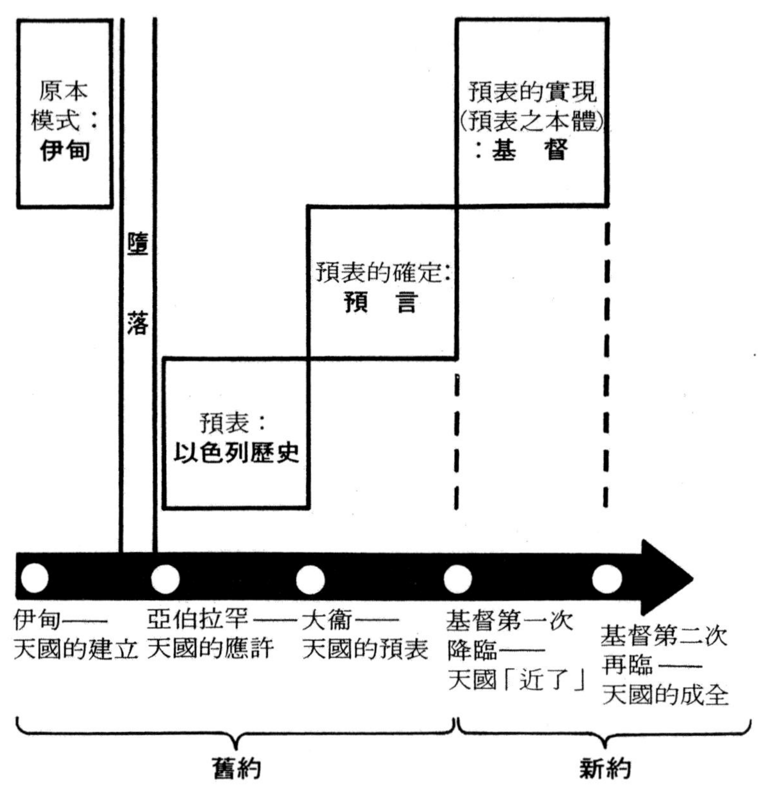


沒有一個圖表能完全表達一切，但這圖表至少能提供解釋任何舊約經文的基礎。漸進式啓示的研究顯示出福音事件是實體，這實體限定其前後發生的事。

我們會從另一方面來看這問題。以人的觀點來說，我們會看聖經是一步一步的顯示過程，直至達到福音這目標爲止。但從神的觀點來看，基督的降世、生活和爲罪人而死，乃神在創世以前已預定了[1]。我們絕不可以認爲神先嘗試一個計劃，然後第二個，直至祂接近完全的救恩方式爲止。福音是預定的，所以在既定和完美的時間裏，神便差祂的兒子到世間來。

與此同時，直至那完美的「日期滿足」之前，神恩慈地提供了基督事件的漸進啓示。這些福音的預表有兩個目的：第一，這漸進的啓示溫和地引領人完整明白眞理；第二，在福音未完全啓示出來之前，它提供舊約信徒領受福音的途徑。舊約的信徒因着相信神的應許而能夠抓到實體；因着基督，以色列的聖徒得蒙救贖，乃因爲這啓示連續階段的統一性，信徒若能抓着這預表，便是抓住其實體了。

我們只有這樣才能解釋新約中「統一的表達」，並指出舊約信徒聽到福音，見到基督或盼望一個天上的王國[2]。我們又能怎樣將這啓示的結構應用在我們身上呢？廣義地說，我們這樣做乃表示在舊約經文所啓示的福音，在某方面有其基本的統一性。我們在上文已看過可以怎樣將神的國的層次來表達啓示的每一階段。每一段舊約經文在某些地方與天國啓示的基本結構有關連，因此，便能與新約對應的經文有關連。故此，舊約裏的一宗拯救事件，就與福音中一宗偉大的拯救事件有關連；舊約中一宗拯救工作的祭司中保，就與福音中一偉大救恩的祭司中保同樣有關連，餘此類推。

## 實踐方法

我們會以下面方式總結這過程：

1 確定經文在其有關天國層次之較廣闊上下文中的運作方式。

2　在每一連續層次中引進同一重點，直到福音的最終眞實出現爲止。

3　指出福音的眞實怎樣解釋經文的意義，同時，也指出經文怎樣闡明福音的眞實。

在舉例之前，我們先要提醒讀者，大家應謹記前面各章所提及的結構性分析是最基本的，然而，我們不要忽略舊約那値得準確細察的複雜性。其中一方面的複雜性就是，在已有層次內重複一些結構的範疇。因此，當出埃及肯定是一拯救的行動，每一次由士師、君王或其他方式發動的解救也都是拯救行動。我們的圖表沒有表示出的另一方面，乃是統一的君主政體巓峯後的以色列史的意義。我們也沒有談及與以色列歷史，或預言無關之以色列信仰表達。在這方面，智慧文學對學者來說，是一個長久以來的問題。

第二個警告是有關我們對「經文」一字的運用。我希望這裏已充分證明「經文」並不是指聖經的單一節經文。我們不可能定下一些條例，以限定多少經文才算是一個可解釋的單元。聖經神學的教導指出，沒有一段經文是單獨的，而整本聖經乃其最終的上文下理。所以，要提防以任何一段方便的每日讀經的經文，勉强得出一些自我滿足的基督教眞理。當我們致力使每一片段的聖經都有其適切性，以及造就基督徒，事實上可能正摧毀眞正的信息，而那是在較廣闊的上文下理中才呈現出來的。

雖有上述的困難，福音與新約整體的見證，都使我們深信這項工作是可以完成的。這需要艱鉅的工作，以及應用，然而，我們的努力是有報酬的，我們可以更淸楚福音的豐富。

## 研習問題

1. 合理的寓意法與靈意釋經法有甚麼分別？
2. 當我們說預言應以基督論來解釋，我們所指的是甚麼？
3. 爲甚麼新約是解釋舊約的原則之源頭？

## 註解

[1] 太二十五 34；弗一 4；彼前一 20；啓十三 8，十七 8。

[2] 例如：

約八 56——「亞伯拉罕歡歡喜喜的仰望我的日子。」

林前十 4——「所喝的是出於隨着他們的靈磐石，那磐石就是基督。」

加三 8——「……早已傳福音給亞伯拉罕。」

來十一 16——「他們卻羨慕一個更美的家鄉，就是在天上的。」

# 11 巨人又來了！

現在應是實踐原則的時候了。在本章中，我們會看看一些舊約經文和應用基督論的釋經方法。首先要肯定的是，不以這些原則爲一種魔術的法門，以解答任何困難；我們也肯定必須努力去了解經文，盡量避免碰運氣地去處理舊約經文，而走在正確的方向上。

## 大衛與歌利亞：撒母耳記上十七章

在本書的第二章，我們曾提及這段有關大衛生平中很聞名的事蹟。相信沒有人比馬丁路德能更精確的講解這段經文：

> 大衛戰勝了巨人歌利亞時，這好消息在猶太的百姓當中傳揚，那就是他們可怕的敵人已被擊倒，他們得到拯救而得着喜樂和平安；他們歌唱、跳舞和歡欣（撒上十八6）。同樣，這個由使徒傳到全世界的神的福音或新約，是一個美好的故事和報道，述及一位眞正的大衛，祂

> 與罪惡、死亡和魔鬼鬬爭，並戰勝了它們，因此解救所有被罪惡所捆綁、死亡所折磨和魔鬼所控制的人[1]。

要留意的一點是，路德將神透過大衞的拯救作爲，與神透過基督的拯救作爲連起來。我們一旦看到這連繫時，便不可能單單以大衞作爲基督徒生活的一種模式。因爲他的勝利是間接的，而只有以色列人可以因着那勝利而歡喜。以釋經原則來說，大衞的勝利是一個救贖行動，因神的子民在應許地陷於險境。福音將此事件解釋爲基督眞正救贖的預表。但大衞的經驗同時將這拯救行動放進歷史的處境中，以幫助我們完全了解新約有關福音事件的詞彙。

我們必須小心，不要過分詳細描述經文的當時生活環境。大衞拿食物給軍中的兄弟的解釋，不應多過歌利亞的盔甲。另一方面，某些描述的部分詳加說明了富神學意義的內容（如 45 ～ 47 節）。在較廣闊的上文下理中，其他細節形成的模式，再次出現在福音事件當中。神看大衞爲王帝（撒上十六章），但他卻被藐視、侮辱和棄絕。差點要爲全然戰敗而受苦時，他贏取了勝利，而他的百姓繼續與一個已戰敗的敵人爭戰。

所有舊約講及神與以色列敵人爭戰的經文，必須以神救贖我們的眼光來評估。

## 喇合的朱紅線：約書亞記二章 15 至 21 節，六章 22 至 25 節

一個陳腐的解釋路線，集中把喇合的朱紅線預表基督的血。若只強調兩者都是紅色，這種解釋是難以站得住腳的。但爲了純正地釋經，我們必須避免走向另一極端。征服耶利哥是神拯救以色列事件的一部分，也是祂

對不敬虔的迦南人的審判。而喇合因着服從指示去掛出標記，可以免除審判和得着拯救；這記載與在埃及逾越節的記載有許多眞正類似的地方。在這種意義上，將容易看到的顏色線掛在窗前，對喇合來說是有拯救的意義；她成爲神子民一員的事實（書六 25 ）是一種救恩的預表。我們也許覺得這只是少許的分別，但並不是紅色建立了預表，而是這事件的救贖含意。

這段有關喇合的經文有另一個重要的信息，因爲它與其他經文一起，帶出神在創世記十二章 3 節對亞伯拉罕的應許中、祂對外邦人的旨意。正如米甸人葉忑羅和他嫁給摩西的女兒、迦南人喇合，和摩押人路得，都是外邦人悔改的例子。

## 污染的水池：列王紀下二章 19 至 22 節

在耶利哥，先知治好了污染的水池，確是發人深省：人的心有被潔淨的需要。人類道德污染的問題當然與救恩有密切的關連——事實上，兩者是不能分割的。然而，讓我們不要忘記一個事實，就是神不是藉着清除污染而施行拯救。我們得救不是因着已改變的生命，已改變的生命是得救的結果而不是其根基。救恩的根基乃是基督在我們世界所彰顯的生與死的完美。

在應許地的水池與以色列救恩有緊密的連繫。自約書亞毀滅耶利哥時，她已受咒詛（參書六 17 、 26 ）。該城已失去作爲以色列後裔流奶與蜜之地的作用。這段經文並不易明白，但先知預言耶利哥將再次會有人居住。在這應許地上，人民的得到物質供應是整個救恩過程的一部分。

雖然，鹽在宗教性的應用上是含蓄的，但顯然是指潔淨或與過去分割[2]。我們可理解以利沙的行動，是拯救這個有潛力賜予生命的水池脫離咒詛。我們再一次看到這是神爲祂的子民施行的拯救行爲，而不是在信徒心中的潔淨行爲。飲潔淨的水本身就是分享神賜給祂子民的生命；吸取生命之水是得着生命的本身。潔淨水池的源頭是基督本身，而不是信徒的心靈。神恩慈地賜生命純潔的水予被咒詛之地。我們應將此段經文，從基督乃成就者的角度來指出神賜人永生的計劃；迦南和她所有的豐盛皆在基督裏。

## 祝福那些殺害嬰孩的人：詩篇一三七篇

這篇詩篇有一段難以解釋的咒詛經文，這段經文乃祈求從天上降下可怕的咒詛，落在那些充滿惡行的敵人身上。詩篇一〇九篇 6 至 20 節是更詳盡的咒詛經文，有人還替它辯護，說那是惡人向詩人先出的咒詛（2 節）。然而，仍有其他經文一樣帶出同樣難題（如耶十五 15，十八 19 ～ 23；詩六十九 22 ～ 28）。

詩篇一三七篇有很容易了解的上文下理，它出自被擄到巴比倫的人之痛苦。當敬虔的猶太人被趕離應許地而流徙到異邦，耶路撒冷和聖殿被毀的回憶令他們痛苦。他們對與神立約的關係，和對百姓的救贖都頓起疑問。

具爭論性的 7 至 9 節的神學上之上文下理，旨在糾正神子民仇敵的希望。無論表達的形式和內涵是甚麼，這些咒詛都是呼求神的國降臨。無論我們的祈禱多受文化和時間所限制，那仍是基本上渴望報仇的日子，因爲天國的來臨會對所有反對的人帶來可怕的審判。詩人並不是由於孩童的無知，而有不切實際的想法，反是由於任何年齡的人一致認定之罪性所致。對我們來說，無論巴比倫士兵的下一代，面對的毀滅是何等殘暴，這是神的國降臨時，神的仇敵最終會被打倒的部分。

當我們來到新約，一幅更加清楚的圖畫浮現了。眞正的敵人不是血肉之軀，而是那些掌權的勢力。另一方面，新約清楚指出，那些我們必須愛的仇敵，也必在「主又大又難的日子」裏受審判；祈求「願祢的國降臨」是一件十分嚴肅的事情哩。

這裏並沒有觸及殺害嬰孩的所有道德問題。縱然我們可按以色列文化原始階段的觀點來解釋（一個可疑的觀念），神學的角度仍是首要的。我們並不喜歡以色列在攻地時屠殺全部文明人，但這些歷史事實與那些詩人的咒詛，都不能不以某些顯著的聖經啓示來解釋。首先，以色列本身的道德失敗，並沒有否定她成爲神施行公義的工具。同樣的，不敬虔的國家也成爲神對付以色列的工具。第二，這些依神命令由以色列帶出的屠殺和報應，是實在罪有應得的（見申九4～5）。第三，若舊約的審判是以死亡的形式來帶出，而人又自然地視之爲終極的懲罰，新約則描繪出不敬虔者更可怕的命運遭遇。在舊約中死於劍下，只是新約對不敬虔者永恆審判的一個影子而已。

## 尼希米重建耶路撒冷：尼希米記二章17節至四章23節

數年前，一個受歡迎電臺廣播的聖經節目，播出尼希米記這段經文的講章，講員用了一個陳腐的、但卻是不能原諒的講法。爲使此段被擄後的歷史應用在基督徒身上，講員採用了一些重要的字來表達，諸如，耶路撒冷重修的城門的名字，以及同類的意念聯想，以帶出一些有用、但大部分與新約無關連的眞理。故把「馬門」由馬引伸到兵士，然後到盔甲，而最後到以弗所書第六章的全副軍裝。在修理中的「羊門」成爲跳板，講員便由此跳到約翰福音十章的好牧人。

以弗所書六章和約翰福音十章都有重要的教訓，或者這些教訓正與以上有問題之舊約經文重疊。然這裏的問題是所用的方法。有關舊約的講章應直截了當地指出與新約經文的合理關係。

尼希米記這段經文又有甚麼要留意的呢？首先，它屬於被擄後重建的時期，並不是在聖經啓示結構中的一個主要層次。從巴比倫的歸回並沒有預示預言的實現，然而，這實在已帶出應驗的影兒，因爲所有天國的成分都存在，縱然是不完全的。因此，我們可將這時期當作爲一種過渡的實現，其中神國的本質明顯可辨，但我們要處理在其間先知希望的不完全，和還未實現的問題。

第二，耶路撒冷的重建，必須指向先知對錫安城的未來榮耀的盼望，即是神國的焦點。這缺欠同時說明了神子民生活的一方面，即是有些事情「尚未臨到」。第三，只有整件事情才能解釋其細節，而不是倒行逆施。我們不應先將細節基督教化，直至肯定地建立了那些細節的神學意義爲止。若這章提出一條通往以弗所書六章的路，則那一定不是「馬門」！反而，敵人的阻撓尼希米的工作，卻可引出保羅在以弗所書六章10至20節所提及的、與不敬虔者不斷的衝突。

## 註解

[1] *Word and Sacrament* (Philadelphia, Muhlenberg Press, 1960) Luther's Works, American Edition, vol. 35, p.358.

[2] 請參看利二 13；民十八 19；士九 45；結四十三 24。

# 結論

因爲要保持適中的篇幅，本書的討論一直帶有冒險成分；所以，讀者會發現許多問題都沒有涉及。本文旨在建立一個基本的釋經原則。據觀察所得，二十世紀福音派基督徒已經歷到，要處理舊約時，頓然失去了方向。其中一個因素是福音派離開了信仰的歷史觀點。這招致一個惡性循環，因爲致力舊約的研究，是一個保存福音歷史性的重要途徑。福音派人士不單對聖經歷史視而不見，也失去了他們在改教期得來的歷史遺產。福音派人士走回靈意釋經法，或走向預言字面論 (prophetic literalism)，取了中世紀釋經的方法，反而拋棄了宗教改革家在釋經上的收穫。

另一個導致現代人誤用舊約的原因，是這一代閱讀聖經的壞習慣。福音派人士向以尊重聖經著名，但他們傳統上卻傳播以一段經文來靈修的意念，從而攫取「神的祝福」。得不着這尚未界定的祝福時，他們不理會經文的本質，反而視之爲讀者屬靈光景的問題。以這種思想、心態去讀聖經那些如家譜之類的經文，信徒就一無所得。結果，信徒在每日的靈修中，必定放棄那些家譜的經文了！這種心態盛行時，就更難充分地處理舊約的經文。

值得注意的是，福音派這種思想的轉捩點是，從基督教所強調的歷史中福音的客觀事實，轉爲中世紀所強調的內在生命。福音派人士視聖靈內在轉化的工夫爲基督教的關鍵，以致很快就與歷史的信仰，以及歷史的福音脫節，同時也忽略了神在舊約中的歷史作爲。在人心中作王的基督，失去了祂道成肉身的人性，而在舊約歷史的人性很快便被拋棄，而「內在屬靈」的意義便應用在基督徒「內在屬靈」的生命上了。

今天舊約的危機實在是另一種基督教信仰危機的形式吧。向內的基督教——把福音貶爲內化的其他宗教的層面——最好以次經中一經節作爲自己對改革家的墓誌文：

有些人並未被記念；
他們都死了，彷彿他們沒有生存過。
（巴沙拉書四十四9）

相反地，我們應以希伯來書作者所說的來思念這些信心的先祖：

**他們雖然死了，仍舊說話。**
**（來十一4）**

# 附錄

## 參考經文

以下是一些建議的舊約經文，可幫助讀者知道一些明顯的特性和主題。讀者請以舊約歷史大綱，及本書所研討的聖經神學的角度來閱讀這些經文。

### 基本經文

創世記一至三,十二至二十四章
出埃及記十九至二十四章
利未記一至七,十六,二十三,二十六章
約書亞記二十三至二十四章
士師記一至五章
撒母耳記上、下
列王紀上四，八至十二章
列王紀下十六至二十五章
以斯拉記一，七章
尼希米記一至六，八章
阿摩司書
耶利米書一至九，二十六至四十四章
耶利米哀歌
以西結書三十四至四十八章
哈該書
瑪拉基書
詩篇六十八，一〇五，一〇六，一三六，一三七篇
箴言八至九章
約伯記一至二章
但以理書

### 進深經文

創世記三十七至五十章
出埃及記一至十五，二十五至三十五章
申命記一至十二，二十六至三十章
約書亞記一至十二章
士師記六至十二章
列王紀上十六至二十二章
列王紀下一至十二章
歷代志下二十四至三十六章
何西阿書
以賽亞書一至三十九章
瑪拉基書
箴言一至七，十至十五章
約伯記一至十四，三十二至三十三，三十八至四十二章
詩篇一至四十一篇
以西結書一至十一章
傳道書
撒迦利亞書
以斯帖記
詩篇一〇七至一五〇篇

緊扣時代 服事教會

以文字傳揚基督真道

# 讀者意見表

衷心多謝你購買本社書籍。本社一直致力以出版事工服事教會，幫助信徒扎根於神的話語，促進靈命增長。為使我們的出版更能滿足你的需要，請填寫下列各項資料，並寄回或傳真予本社。

所購書籍：________________

本書最吸引你的地方：

☐作者　☐適切性　☐文筆　☐設計　☐實用性

☐其他：________________

購買本書地點：

☐基道書樓　☐基督教書店　☐非基督教書店

性別：☐男　☐女　職業：________________

信仰：☐基督徒　☐非基督徒

年齡：☐ 16 歲或以下　☐ 17～25 歲　☐ 26～35 歲

☐ 36～55 歲　☐ 56 歲或以上

學歷：☐中三或以下　☐中五　☐預科

☐大學　☐研究院

☐我欲更多了解基道出版社的事工及考慮支持，請寄給我下列資料：

☐機構簡介　☐新書資料　☐基道會員通訊

☐《基道文字事工通訊》

姓名：________________ 電話：________________

地址：________________

________________

傳真：________________ 電子郵件：________________

其他意見：________________

________________

多謝賜教！

基道出版社

意見表可以傳真（2687-0281）或直接郵寄以下地址：

香港沙田火炭坳背灣街26號富騰工業中心1011室

基道出版社編輯部收